AF543900

KLEINE LITERARISCHE GENUSSBIBLIOTHEK

Zopfbrot mit Blaulicht

ZWISCHEN ALB UND AFRIKA
BACKGESCHICHTEN VOM LORETTOHOF

Günther Weber
mit Illustrationen von Rainer Weber

HÄDECKE

Ich widme dieses Buch den Frauen und Männern, die sich zum Jungen Netzwerk im Verein »Die Freien Bäcker« zusammengetan haben. Sie machen mir Hoffnung, dass es weiter und vorwärts gehen könnte in unserem Handwerk.

Inhalt

23:20

Wir beginnen mit dem Kneten des Brotteigs.

Mein Schreib-Platz

Mein idealer Schreibplatz müsste eigentlich höher droben liegen. Eine Treppe oder zwei, weit hinaus über dem Dach, über Bildschirm, Drucker und Faxgerät. Dort hätte ich Ruhe, die Gedanken hätten Raum, die Ideen flögen aus und ein wie Tauben. Aber ich wette, wenn gerade so eine besonders schöne, dralle, weiße Taube Platz genommen hätte auf meinem Schreibpult aus hellem Ahornholz, dann würde drunten das Telefon klingeln oder das Fax begänne zu piepen und zu ruckeln und es wäre garantiert etwas sehr Wichtiges und ich müsste die vielen Stufen hinab mit steifen Knien …

Mein Schreibplatz sollte dann wohl doch besser außerhalb des Hauses liegen, außer Hörweite vom Telefon, außer Sicht von Arbeitstisch und Knetmaschine. Hinter der Werkstatt müsste er sein, wo Büsche stehen und Moos den Boden deckt. Dort wäre ich ganz für mich: Mensch, Natur und Scharen von Metaphern, die wie Häschen um mich herumhoppeln und mir freundlich den Kugelschreiber in die Hand drücken würden. Doch gerade, wenn sich so ein besonders putziges Metäfferchen auf meinen Schoß gebettet hätte und sich anschickte, mir einen ganz außergewöhnlichen Reim herüberzureichen, dann weiß ich, dass mich ein dunkles Grollen von der Einfahrt her daran erinnern würde, dass Mittwoch ist und heute die Mehllieferung kommt und dass auch das am Montag gelieferte Brennholz noch nicht zugedeckt ist usw.

Mein Schreibplatz: Er müsste dann halt tief drunten liegen, einen oder zwei Keller tiefer als dort, wo die Äpfel lagern und der Most und das Bier. Dort hätte ich meine Ruhe. Im dünnen Schein einer schlichten Kerze kämen die Worte und Sätze ganz von selbst zu mir, gelassen, zutraulich wie zahme Kröten und sanfte Fledermäuse, das wäre ein Schreiben nach Herzenslust wie ein ruhiger, tiefer Fluss. Ich fürchte nur, dass ich eine Uhr bei mir hätte, einen Kalender oder das Bestellbuch, irgendetwas, und dass ich ganz von selbst bald wieder heraufkäme aus dem tiefen Keller und mich blinzelnd umschaute, ob mich denn noch keiner vermisst.

23:40
Teigruhe für siebzig Kilo Bauernbrot.

Familie, Kindheit und Jugend

Meine Mutter

Sie wurde als zweites von sechs Kindern einer Kleinbauernfamilie im östlichen Schwarzwald geboren.

Sie trug als Kind lange, blonde Locken und ihr Gesicht sieht auf Fotos dem ihres früh verstorbenen Vaters sehr ähnlich. Man sagt auch, dass mein Gesicht wiederum ganz nach dem ihren geschnitten sei.

Sie war es, die als Vierzehnjährige nach Hause rannte und ein Messer holte, als im ersten Kriegswinter das einzige Pferd ausgerechnet auf dem Bahnübergang gestürzt war und sich ein Bein gebrochen hatte. Das ganze Dorf kennt die Geschichte jener Notschlachtung.

Sie ging nach dem Krieg in den 1940ern als Hausmädchen zu Onkel und Tante, die in Winnenden eine Metzgerei besaßen.

Sie ließ sich dort von dem jungen Bäcker aus der Nachbarschaft zu einer Maiwanderung einladen, der gerade erst aus der Gefangenschaft heimgekommen war. Er hatte eine Tafel Eszet-Schokolade in der Jackentasche, die sich dann beide auf dem Korber Kopf[a] teilten.

Sie heiratete ihn und konnte mit ihm in die kleine Dachwohnung über der Metzgerei ziehen, wo ihre beiden älteren Söhne zur Welt kamen.

Sie meldete sich 1960 als eine der ersten Frauen in der kleinen Stadt zur Fahrschule an. Am Abend zuvor hatten die fünf- und sechsjährigen Söhne den Vater gefragt, wann man ein Auto kaufen werde, und er hatte geantwortet: »Wenn Eure Mutter den Führerschein macht.«

Sie übernahm 1962 mit ihrem Mann die Bäckerei der Schwiegereltern. Dazu wurde das obere Stockwerk umgebaut und neu aufgeteilt.

Sie stellte die Bäckergesellen zur Rede, wenn sie zu spät nach Hause kamen.

Sie ging mit den Küchenmädchen ins Kino, als die ganze Stadt über Ingmar Bergmanns »Schweigen« tuschelte.

Sie verhandelte mit den Großkunden und sie war es auch, die der Klassenlehrerin einen Kuchen vorbeibrachte, als es ganz dringend nötig war.

Sie knetete die beiden Söhne weich, zuerst den einen, dann den andern, in die beruflichen Fußstapfen des Vaters zu treten, als die alte Bäckerei der Straße weichen musste und plötzlich alles ungewiss schien.

Sie brachte ein Jahr später mit 45 Jahren noch einen dritten Sohn zur Welt und meinte, sich bei den beiden Großen damit entschuldigen zu müssen, dass eine Bestrahlung beim Zahnarzt »alles durcheinander gebracht« habe.

1978 starb sie im Alter von 53 Jahren an Krebs.

---

a Anmerkung der Redaktion: Eine Erhebung im Remstal, um die ein schöner Rundwanderweg führt.

Der Teigflüsterer

Mein Vater war ein sehr ruhiger, wortkarger, wohl auch eigenbrötlerischer Mann, ein Handwerker, der, durch sein angeborenes Temperament und durch die berufsbedingten Arbeits- und Ruhezeiten, sein Leben ein wenig abseits der Gesellschaft eingerichtet hatte. In der Familie war er mehr für die ruhige Grundfarbe, für die großen Linien zuständig, als für den Fortgang des Alltags. Zur Unterhaltung trug er am liebsten nur mit einem Morgengruß in die Runde bei, mit einem freundlichen Brummen, wenn er am Mittagstisch als Erster den Löffel in die Suppe tauchte, und mit einem trockenen »Ja, also … gut' Nacht!«, wenn er lange vor allen Anderen die Treppe hinauf und ins Bett ging, aus dem er sich in der Regel ohne Wecker nachts um halb drei wieder erheben würde.

Oder, sehr selten und nur gezwungenermaßen, war er letzte und gefürchtete strafende Instanz, wenn Mutters Autorität gar nicht mehr ausgereicht hatte.

So habe ich meinen Vater erst ein wenig näher kennengelernt, als ich – widerwillig und aus einer großen Ratlosigkeit heraus – sein Handwerk von ihm lernte und seine Backstube für ein paar Jahre mit ihm teilte.

Ich fand zu jener Zeit seine Berufsauffassung rückständig, altmodisch und auch perspektivlos. Aber ich ahnte, dass es eine Menge an Fingerspitzengefühl, an gespürtem, in Fachworten kaum ausdrückbarem Berufswissen von ihm zu lernen gab. Ich nenne ihn heute gelegentlich, wenn ich an ihn denke, einen Teigflüsterer.

Mein Vater ist seit Jahren tot. Überraschend ist: Jetzt, da ich ins gleiche Alter gekommen bin, in dem er war, als er mich sein Handwerk lehrte, begegnet er mir immer mal wieder in meiner Backstube. Ich greife mit mehliger Hand zum Wellholz, um eine Portion Croissant-Teig auszurollen – und sehe plötzlich, dass es die mehlige Hand meines Vaters ist, die das Holz führt.

Nach anstrengenden zehn Minuten am Backofen, wenn das erste Brot fertig und die Zeit für den zweiten Teig noch nicht reif ist, greife ich zur Sprudelflasche, stütze mich mit der linken Hand am Griff der

Ofentür ab, sehe diese Hand, dick verkrustet mit Mehl, Asche und Schweiß – und bemerke, es ist seine Hand, die sich immer in dieser Minute nach dem Ausbacken an der Ofentür abstützte. Es ist seine Hand mit dem kräftigen, ovalen Daumennagel, der dicken Ader über dem Knöchel und mit dem Grübchen oberhalb des Zeigefingers.

Er war immer der Meinung, dass es eine Schnapsidee von mir sei, droben auf dem Berg in aussichtsloser Geschäftslage eine viel zu große Backstube gebaut zu haben. So bin ich heute froh, dass er ab und zu hereinschaut und offenbar seinen Frieden mit meinem Leben gemacht hat.

Anmerkung: *Dieser Text ist in ähnlicher Form im Bildband »Gut Brot will Weile haben«, ISBN 978-3-7750-0653-8, erschienen.*

MÜTSCHELE UND MÜRBE LAIBLE

In der Backstube meines Vaters wurden freitagnachmittags fürs Wochenende Mütschele und mürbe Laible gebacken: Schwäbische Klassiker, die heutzutage in kaum einer Bäckerei mehr angeboten werden, weil die Kunden sie fast nicht mehr kennen. Schade drum!

Das Rezept eignet sich auch für vieles andere, zum Beispiel für Neujahrsbrezeln, Kümmelstangen oder als Basisteig für Käsegebäck.

Vorbereitung: ca. 10 Minuten + 1 Stunde Teigruhe
Zubereitung: ca. 30 Minuten (Mütschele) /
ca. 15 Minuten (Laible) + 40 Minuten Teigruhe
Backzeit: ca. 12 Minuten (Mütschele) / ca. 25 Minuten (Laible)
Backtemperatur: 230 °C

Zutaten

1 kg Weizenmehl, Type 550 · 250 ml Milch, zimmerwarm
ca. 250 ml Wasser, etwa 27 °C warm
150 g Butter, zimmerwarm · 45 g Frischhefe · ½ EL Salz (12 g)
1 knapper EL Zucker (25 g) · 1–2 Eier, verquirlt

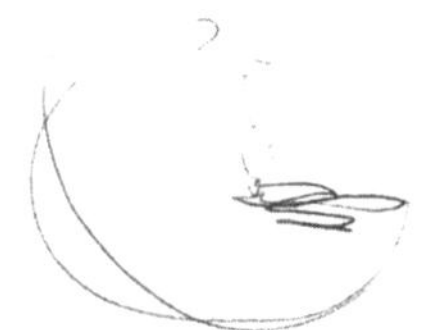

00:15

Der Hefezopfteig wird aus der Maschine geholt.

¶ Alle Zutaten verknete ich zu einem stabilen Teig. Durch den hohen Fettgehalt benötigt der Teig mindestens acht Minuten intensiven Knetens, bis sich ein trockener, elastischer Teig bildet. Je nach Qualität des Mehls passe ich die Wassermenge während des Knetens noch etwas an

¶ Den Teig lasse ich eine Stunde abgedeckt bei Zimmertemperatur ruhen. Dann teile ich ihn in 25–30 gleich große Stücke für Mütschele oder in drei Teile für mürbe Laible.

¶ Die Mütschele forme ich sofort zu kleinen länglichen Rollen, denen ich mit den Handkanten an beiden Enden noch ein rundes Knöpfchen andrücke. Diese Teiglinge bleiben einige Minuten zum Entspannen auf dem Arbeitstisch liegen, dann drücke ich das Mittelteil platt, setze die Teiglinge mit etwa 4 ½ cm Abstand auf ein gefettetes Blech und decke sie zum Reifen für etwa 40 Minuten mit einer Folie ab.

¶ Vor dem Backen pinsle ich die Mütschele mit Ei ein und schneide sie dann mit einem scharfen Messer rautenförmig ein. Bei ca. 230 °C lasse ich sie 12–14 Minuten backen, bis sie eine kräftig braune Oberfläche haben.

¶ Die mürben Laible werden nach dem Wiegen straff rundgewirkt[b] und mit dem Schluss[c] nach unten auf ein gefettetes Backblech gesetzt. Sie werden ebenfalls abgedeckt und mindestens 40 Minuten sich selbst überlassen. Auch die Laible werden vor dem Backen zunächst mit Ei bepinselt und dann mit einem scharfen Messer eingeschnitten (Quadrat, Hashtag-Symbol, Stern oder andere Muster – ganz nach Laune und Jahreszeit). Hierfür ist bei ebenfalls 230 °C eine Backzeit von ungefähr 25 Minuten nötig. Eine kräftige braune Farbe an der Oberseite und – wichtig! – auch an der Unterseite zeigen, dass die Laible gut durchgebacken sind.

---

b Dabei erhält man durch kräftiges Einschlagen der Außenseiten eine Kugelform. Bei einem Teig mit so hohem Fettanteil wie hier, ist dazu keine Mehlhilfe nötig. Bei anderen Teigen wird das auf einer bemehlten Arbeitsfläche gemacht.

c Als Schluss bezeichnet man die Teigseite der Kugel, auf der der Teig eingefaltet wurde. Die ihr gegenüberliegende Seite der Teigkugel ist glatt.

00:17

Hefe und Salz werden abgewogen.

Zwillinge

Im Ort galten wir immer als die Zwillinge. In Wirklichkeit war mein Bruder fünfzehn Monate jünger als ich. Und er war immer ein bisschen schneller, ein Stückchen wilder.

Als wir in die Schule kamen, hatte er schon drei genähte »Löcher im Kopf«. Da waren bei mir gerade mal der Arm im Gips und ein Knie verrenkt gewesen.

Er hatte vor mir den Führerschein, ging auf Wanderschaft, fand seinen eigenen Backofen. Während ich noch den Ofen unseres Vaters bediente, zusammenzuhalten versuchte, was einfach nicht mehr halten wollte, an allerersten Plänen für etwas Neues saß.

Später, als wir dann konkret planten, im alten Kuhstall von Loretto einen Holzofen bauen zu lassen, nahm er mich für eine Woche an seinem Vellberger Ofen in die Lehre.

Zur Eröffnung schenkte er mir das erste Besteck: Aschenkruke, Hudelwisch und Eimer, mit denen ich noch heute arbeite.

Jetzt hat der Kerl schon ein künstliches Hüftgelenk, meinen Knien gibt der Arzt noch gut zwei, drei Jahre.

GUGELHUPF

Mein Bruder Helmut lebt seit mehr als dreißig Jahren in Hohenlohe und betreibt in Vellberg eine Holzofenbäckerei. Ich habe ihn gebeten, passend zu dem vorstehenden Text, ein Rezept beizusteuern, das er als typisch hohenlohisch, aber auch als charakteristisch für seine Vellberger Backstube empfindet. Er hat sich für den Gugelhupf entschieden und sagt dazu: »Der traditionelle Gugelhupf, wie er in Süddeutschland und im Elsass bekannt und beliebt ist, wird nach einem Rezept gebacken, das so viel Eier, Milch und Butter enthält, dass es sich jeder intensiven maschinellen Verarbeitung entzieht. Angeregt von den No-knead-Rezepten Lutz Geisslers habe ich mein eigenes Gugelhupf-Rezept entwickelt, das ebenfalls ganz ohne Kneten auskommt.« Die Zutaten reichen für einen großen und einen kleinen Gugelhupf mit etwa je 850 g und 450 g.

Vorbereitung: ca. 20 Minuten + 10 Stunden Teigruhe
Zubereitung: ca. 10 Minuten + 10 Stunden Teigruhe
Backzeit: ca. 35 Minuten · ***Backtemperatur:*** 200 °C

Zutaten

Teig

165 ml Milch · 150 g Zucker · 4 Eier, Größe L
1 TL Salz · ca. 2 g Frischhefe (0,5 % auf die verwendete Mehlmenge)
¼ – ½ Bio-Zitrone, Schalenabrieb
1 Msp gemahlene Vanille
170 g Butter, verflüssigt, aber nicht zu warm
130 g Rosinen · 430 g Dinkelmehl, Type 630

Für die Formen

Butter · 1 Handvoll ganze, abgezogene Mandeln

- Milch, Zucker, Eier, Salz, Hefe, Zitronenschale und Vanille verrühre ich mit einem Schneebesen. Dazu gebe ich die flüssige Butter und die Rosinen und rühre alles nochmals durch.
- Das Dinkelmehl hebe ich unter, bis eine homogene Mischung entstanden ist. Dann lasse ich den Teig bei Zimmertemperatur abgedeckt ruhen.
- Etwa alle halbe Stunde dehne und falte ich den Teig, insgesamt drei Mal. Zu dieser Technik gibt es gute YouTube-Videos, aber vereinfacht gesagt wird der Teig mit den Händen nach oben gezogen und gedehnt, dann wieder auf die verbleibende Basis zurückgefaltet. So bekommt er Luft und die Hefe kann besser arbeiten.
- Den so bearbeiteten Teig lasse ich insgesamt etwa zehn Stunden bei Zimmertemperatur (etwa 20 °C) abgedeckt stehen. In dieser Zeit sollte sich sein Volumen etwa verdoppelt haben.
- Zwei Gugelhupf-Formen buttere ich gut aus und lege nach Geschmack in jede Rille eine ganze Mandel, danach fülle ich den Teig in die Formen.
- Diese decke ich nun mit Tuch und Folie ab und lasse sie in einem kühlen Raum (etwa 18 °C) etwa für weitere 10 Stunden stehen. Dabei sollte der Teig dann bis knapp unter den Rand der Form kommen.
- Die beiden Gugelhupf-Formen kommen dann in den auf 200 °C vorgeheizten Backofen und backen darin 35–40 Minuten. Ich stürze beide Gugelhupfe noch heiß aus der Form auf ein Kuchengitter.

Hinweis: *Falls die angegebenen Teigruhezeiten nicht machbar sind, lassen sie sich durch die verwendete Hefemenge in einem gewissen Rahmen anpassen. Die Hefemenge liegt beim obigen Rezept bei 0,5 %, bezogen auf das Mehl. Über ein Prozent Hefe würde ich nicht empfehlen und weniger als insgesamt 15 Stunden sind sicherlich auch nicht qualitätsfördernd.*

Die Haare meines Bruders

Als mein jüngerer Bruder im Sommer 1976 in die Schule kam, sorgten seine langen, schwingenden Locken plötzlich für Gesprächsstoff. Die Lehrerinnen mochten ihn, weil er so besonders war. Die Mitschüler neckten ihn wohl ab und zu, weil in der Kleinstadt das Thema lange Haare bei Jungs längst erledigt war. Ihm selbst schien das egal.

Wir älteren Brüder, die ihm die Mutter ersetzten, so gut es ging, stärkten ihm zu Hause den Rücken. So hat er die ganze Schulzeit mit schulterlangen Haaren verbracht.

In der Lehre trug er sie dann plötzlich halblang nach dem Vorbild irgendeiner Popgruppe, und zu unserem Entsetzen kohlschwarz gefärbt.

Den Zivildienst, als alle Kollegen besondere Frisuren trugen, bestritt er mit zentimeterkurzen Stoppeln.

Als sein ältester Sohn dann in der ersten Klasse wieder mit langen, schwingenden Locken auffiel, hatte er gerade den Kopf voller Dreadlocks und manchmal auch bunte Schleifchen drin.

Jetzt, da seine zwei Söhne schon ziemlich flügge sind, und er sich seiner Kunst zuwenden kann, sind die Haare grau geworden und kurz getrimmt. Er pflegt eine nette Freundschaft mit dem türkischen Frisör in der Nachbarschaft, den er vom Fußball kennt.

Mei Frau

Wenn's Brot lang et langt
On dor Kuacha goht aus
On dor Kaffee kommt zschpät on isch kalt,
d'Leid schdeän bis en' Hof naus,
's Betriebsklima schwankt,
No saet se: »Der wurd langsam alt.«

Koi Bschdellong isch griechd
On'd Gschirrkischt lauft über.
No frogt se: »Hod der dees no ed do?«
Schbrengd nüber en d' Bachschtub,
Lasst g'hörich da Rauch nai:
»So goht's aber net uff Loretto!«

A Weil schbäder em Lada
Isch se kuhl wia an Fisch,
packt Brot ei, gibt raus, häld a Schwätzle,
I frog sachte: »Was isch?«
»Bisch etz nemme so kräg?«
»Doch net, wenn e Kondschaft han, Schätzle.«

Anmerkung: *Für all jene, denen das süddeutsche Idiom nicht geläufig ist, sei nur so viel gesagt, dass die Frau des Autors auf dem Lorettohof alles sehr gut im Griff und Blick hat. Und für ein liebevolles »Schätzle« ist immer Platz!*

00:20
Aufteilung des Brotteigs und das portionsweise Abwiegen.

Sechs Hände

Für Antonia

Antonia steht am Backstubentisch. Sechzig Kilo Bauernbrotteig liegen auf der Arbeitsfläche. Ich verwiege den Teig, sie soll die Laibe rundwirken und in die Gärkörbchen legen. Antonia ist erst seit ein paar Tagen fest bei der Backstubenarbeit dabei. Wir nehmen uns viel Zeit zum Erklären, Üben, Lernen. Einen einzelnen Teigballen rund zu kneten, das kriegt sie schon ganz gut hin, aber mit dem doppelhändigen Rundwirken klemmt es noch ein bisschen. »Lass es langsam angehen.«, sage ich, »Du wirst sehen, dass es in ein paar Tagen von ganz allein kommt.« Auch wenn sie die gelehrigste Auszubildende ist, die ich je erlebt habe, weiß ich: Zwei Teigballen gleichzeitig mit beiden Händen auf dem Tisch so durchzukneten, dass zwei glatte, gleichmäßige Kugeln von je zwölfhundert Gramm entstehen, das sieht nur ganz einfach aus, wenn es einer kann. Aber die Abfolge der Bewegungen, die dabei jeder einzelne Finger, und speziell der Daumen, die Handballen und die Gelenke bis hinauf zu den Schultern ausführen, synchron und spiegelverkehrt, ist in Wahrheit so kompliziert, dass weder Erklären noch Vormachen zu einem schnellen Erfolg führen können.

Meine Frau kommt in die Backstube. Eigentlich will sie nur fragen, wann wir zum Frühstück kommen. Aber wie sie uns da so am Tisch stehen sieht, stellt sie sich spontan einfach dazu, greift sich auch zwei der abgewogenen Ballen und beginnt, sie rund zu wirken. Ein Bild fürs Familienalbum, wie wir da stehen, Toni in der Mitte, Daniela links, ich rechts. Dani und ich arbeiten routiniert und gleichmäßig, fast könnte man jetzt vom »vierhändigen Rundwirken« sprechen, Toni in der Mitte müht sich, mitzuhalten, so gut es geht. Wir reden ein paar Sätze, spekulieren darüber, was der Tag wohl an Wetter und Kundschaft bringen wird. Und plötzlich spüren wir alle drei, dass etwas passiert ist: Antonia hat, ohne drüber nachzudenken, in unseren Rhythmus hineingefunden. Ihre Teigstücke scheinen sich plötzlich ganz von selbst in ihren Händen zu drehen und Form anzunehmen, jeder Finger tut, was er zu tun hat. Sie schaut staunend auf ihre Hände, dann auf meine, schließlich auf Danis Hände, greift sich zwei weitere Ballen, macht es uns noch einmal vor. Ihre Augen leuchten, sie trommelt vor Vergnügen auf die Tischplatte, sucht nach Worten. Und schenkt uns dann diesen Satz: »Das ist das Coolste, was ich je gelernt habe.«

Dani und ich werden ganz still, wir müssen gleichzeitig schlucken und strahlen. Meine Gedanken wandern zurück zu einem anderen Morgen, der siebzehn Jahre zurückliegt. Ich trat aus dem Portal der Stuttgarter Frauenklinik und stand zum ersten Mal als Vater in der Welt. Hinter mir lagen 32 peinigende Stunden, die ich mit meiner Frau und drei sich abwechselnden Kreißsaal-Belegschaften verbracht hatte. Hinter Dani lagen zwei durchkämpfte Nächte und am Schluss eine geglückte Kaiserschnitt-Entbindung. Da oben im Wärmebett lag ein blaues, glitschiges Bündel Mensch, das ich beim besten Willen noch nicht »Antonia« hatte nennen können, um das aber inzwischen alle meine Gedanken kreisten. Und vor mir lag jetzt nur noch der Weg nach Hause an diesem strahlenden Montagmorgen im Mai.

Am Samstagabend hatten wir uns von einem Freund in die Klinik bringen lassen. Auch einen Tragekorb hatten wir mitgebracht, in dem wir unser Baby am anderen Morgen mit nach Hause nehmen wollten. Denn eigentlich hatten wir an eine ambulante Geburt gedacht. Stattdessen war ich jetzt alleine auf meinem Weg nach Hause und ich trug einen leeren Korb in der Hand. Und dennoch war alles wie erhofft: Was wichtig war, war gelungen in dieser zweiten Nacht. Ein gesundes Kind war auf der Welt, meine Frau war so wohlauf, wie man nach so einer Operation eben sein kann, die Schwangerschaftsmonate mit ihrem vielfachen Verzicht und ihren Sorgen waren zu Ende. Wir gingen einer ganz neuen Zeit entgegen und waren gespannt darauf, was sie uns bringen, aber auch, was sie uns abverlangen würde.

Und ich war Vater. Wie tritt man der Welt als Vater gegenüber? Um zum Bahnhof zu gelangen, musste ich den Neckar auf einem Fußgängersteg überqueren. Und ich erinnere mich an diese fünfzig Schritte über dem Wasser so deutlich wie an keinen anderen Weg aus den vergangenen Jahren. Es war sieben Uhr morgens, die Sonne stand schon hoch am Himmel, unter mir fühlte ich die Kühle des Flusses. Der Dunst, der vom Wasser aufstieg, und der Gesang der Vögel in den Uferbäumen hoben diese Minute aus dem Leben heraus wie eine Wegmarke, wie ein Aquarell, das plötzlich an einer lange gewohnten Tapete aufscheint.

Ich gab mir Mühe, mir den Moment einzuprägen, und überlegte gleichzeitig, ob es dem Vatersein überhaupt angemessen sei, sich Kitschbilder ins Hirn zu speichern. Was erwartete die Welt, was erwartete mein Kind jetzt von mir? Welch eine blödsinnige Frage, schalt ich mich. Wenn mein Kind an diesem Morgen irgendetwas erwartete, dann vielleicht, dass seine Mutter aus ihrem Erschöpfungsschlaf erwachen und ihre Kleine aus diesem scheußlich technischen Wärmebettchen befreien und an ihre Brust legen möge.

Und was erwartete ich von mir? Sollte ich mich jetzt am Bahnhof für eine halbe Stunde aus dem Heimweg ausklinken, mich ganz ruhig in ein Café setzen und einen Plan für die Zukunft entwerfen? Man musste sich rechtzeitig für eine Schulart entscheiden. Müssten Mädchen eigentlich nicht etwas mehr Taschengeld bekommen als Jungs? Für Nagellack und all diese Sachen? Schuhe? Handtaschen? Mir wurde mit Schrecken klar, dass ich nichts über die Bedürfnisse junger Mädchen wusste... Welche Anmeldefristen gab es eigentlich bei Fahrschulen? Konnte man ein Pony in einer Garage halten? Ich rief mich zur Ordnung. Der junge Vater musste jetzt erst einmal nach Hause und telefonieren.

Wer mich in der S-Bahn sah, hätte irgendeine Art von Drama vermuten können: Ein junger Mann, morgens um halb acht alleine mit einem leeren Babykorb unterwegs. Man hätte fragen können: »Was ist da passiert?« Oder: »Was hat der vor?« Aber keines der Gesichter, die mir begegneten, stellte solche Fragen. Die Welt strahlte mich an, in mir war alles ruhig geworden. Das Körbchen würde noch gebraucht werden.

00:50

Abwiegen der Hefezöpfe.

… ist ihr Inselreich

Für Helene

Wenn unsere Tochter Helene sich ein Ziel gesteckt hat, dann bleibt sie auch dran. Da kann die ganze Umgebung noch so sehr warnen: »Das schaffst du nicht alleine. Da muss man erst Erfahrungen sammeln. Sei nur nicht enttäuscht, wenn es schief geht.« Sie wurde fast nie enttäuscht, weil sie fast nie zuließ, dass etwas schiefging. Und sie hat dabei eine Menge Erfahrungen gesammelt.

Mit elf Jahren zum Beispiel, lange bevor sie ihre erste Nähmaschine besaß, mit einer Patchwork-Jeansjacke, die sie in wochenlanger Handarbeit ohne Schnittmuster – ohne Hilfe, einfach durch Abgucken – aus drei zerlegten Hosen zusammengepfriemelt hat. Gut, die Ärmel saßen etwas schief dran, aber man konnte damit über den Hof gehen. Problemlos.

Oder das große Projekt an der Modeschule: Da war sie dann schon achtzehn und hatte als Jahresarbeit etwas völlig Futuristisches entworfen, eine Mischung aus Reifrock und Doppelsonnenschirm. Bei der Realisierung musste die halbe Kfz-Werkstatt ihrer Berufsschule zu Hilfe eilen. Das Kunstwerk wurde fertig, es sah auf dem Laufsteg fantastisch aus und dass sie damit nur den dritten Platz gemacht hat, war völlig egal, weil jeder sah, dass es das Originellste war, was an jenem Abend gezeigt wurde.

Aber ihren ersten richtig großen Coup, der alles in den Schatten gestellt hat, landete sie im Allgäu am Röhrenmoosweiher, wo wir jedes Jahr einen kleinen Familienurlaub verbrachten. Es war wohl im Sommer 2006, Helene war noch ein Grundschulkind. Jeder fragte sich in den Wochen davor, mit was für einer Idee das Mädle wieder unterwegs sei. Am Anfang stand eine Zeichnung, die niemand sehen durfte, dann brauchte sie Buntstifte für einen genauen Plan. Ihre Schwester konnte einmal einen Blick darauf werfen und verriet uns, dass es etwas mit einer Insel zu tun hätte.

Dann bat Helene auf einmal um den Schlüssel von dem VW-Bus, der uns in den Sommerurlaub bringen sollte. Zuerst legte sie sich längs rein und dann noch einmal quer. »Sie kann so breit sein, wie ich groß.«, stellte sie fest. »Und ein bisschen länger als breit. Das geht super!«, war ihr abschließender Kommentar. Und: Ja, es gehe um eine Insel, aber eine ganz kleine, keine Sorge, wir würden dann schon sehen ...

»Aber Helene, wieso eine Insel, das geht doch nicht, das schaffst du nicht alleine. Und nur für dreieinhalb Tage. Lohnt sich das? Plan doch zuerst etwas Einfacheres. Etwas, das Du schaffen kannst.«

Sie wollte aber genau das, was sie wollte und sie blieb dabei. Die Finanzierung war für sie ein Thema, aber kein Problem. Klang die angepeilte Summe auch noch so ehrgeizig, mit vielen kleinen Schritten arbeitete sie sich heran. Für ihre Dienstleistungen im Haushalt gab es jetzt feste Tarife. Auf die Geburtstagsgeschenke, die erst im Oktober fällig werden sollten, schon im Juli einen kleinen Vorschuss zu erbitten, das war eine absolut innovative Idee, dabei half sicher der Überraschungseffekt. Auch ihre eigenen Schätze konnten jetzt nicht geschont werden: Eine wertvolle Kleingeldsammlung wurde kurzerhand aufgelöst. Ihre Filzstifte versuchte sie für die Sommerferien bei der Schwester zu verpfänden. Vergeblich zwar, aber dadurch war dann die Mutter wieder zugänglicher, als über den Vorschuss auf vier Wochen Taschengeld verhandelt wurde. Am Ende fehlte nur noch ein ganz kleiner Betrag, der fand sich angeblich unter den Matratzen. Die verschwörerischen Blicke, die zu diesem Thema zwischen der Oma und ihr getauscht wurden, ließen uns hoffen, dass das Geld rechtmäßig erbettelt war.

In der zweiten Augustwoche stand schließlich unser luxuriöser Familien-Urlaub auf dem Plan. Nur einen Markttag mussten wir in dieser Woche absagen und konnten uns dadurch von Montagfrüh bis Donnerstagnachmittag von der Backstube verabschieden – und dreieinhalb Tage sorglos als Familie Camping-Urlaub machen. Am Wochenende würde schon wieder der Hofladen sein Recht fordern.

Am Montagmorgen packten wir das Auto. Alle waren aufgeregt, nur Helene war ein Bild stiller Gewissheit und Konzentration. Ein Paket war für sie abgegeben worden und blitzschnell wieder von der Bildfläche verschwunden.

Noch am späten Vormittag dann die Fahrt ins Allgäu – die Landstraßen sind alte Bekannte, das Braunvieh auf den Flanken der Drumlins[d] ist dieses Jahr langweilig, die Rast zum Mittagessen eine ganz überflüssige Verzögerung. Nachmittags, während wir das Zelt am Ufer des Weihers aufbauen, verschwindet Helene mit ihrem Paket und ihren Plänen. Eine halbe Stunde später machen wir das Foto jenes Sommers: Ihr rechter Fuß baumelt ins Wasser, die rechte Hand hält eine Fanta-Dose, aus der ein dicker, rotgeringelter Strohhalm ragt. Zwei vorbeischwimmende Blesshühner schauen irritiert, denn sie erblicken eine Neunjährige im Zustand vollkommener Ruhe und ewigen Glücks: Helene in der Mitte des Weihers, zwischen Schilfwänden und Seerosen auf einer magentarot leuchtenden Insel, beschattet von ihrer eigenen Kokospalme, alles prall und rund aufgeblasen, genauso, wie sie für € 59,90 in der bunten Annonce eines Versandhauses in unserer Fernsehbeilage abgebildet gewesen war.

Es war ein großer Tag für ein kleines Fräulein und ein ganz unvergesslicher für zwei Allgäuer Blesshühner sowie für einen grummelnden Vater und eine kichernde Mutter.

---

d Drumlins sind die typischen kegelförmigen Hügel im Allgäu, oft mit Gras bewachsen und als Viehweide genutzt.

01:10

Rundwirken der Bauernbrote.

Das bleibt unter uns

Es war für die Mutter ausgesprochen umständlich, mit ihrem Sohn Günther ins Waiblinger Krankenhaus zu gelangen. Er hatte sich vor drei Wochen im Kindergarten den Arm gebrochen und heute sollten sie wiederkommen, um den Gips abnehmen zu lassen. Zuerst war das ein langer Fußmarsch zum Bahnhof ihres Wohnorts, der ihr noch länger erschien, weil das Kerlchen an jedem Schaufenster und bei jedem Straßenschild stehenblieb, um Buchstaben zu entziffern. Verbieten wollte sie ihm das nicht, weil es ihm doch so eine Freude machte, wenn er wieder ein Wort oder einen Namen ausgeknobelt hatte.

Die Zugfahrt in die Kreisstadt dauerte gar nicht lange, aber dort, das wusste sie, war es ein noch längerer Marsch quer durch die Stadt bis zum Krankenhaus am anderen Ende. Und daheim wurde sie eigentlich im Laden gebraucht. Ihr Mann hatte zwar zugestimmt, die wenigen Kunden, die am Nachmittag zu erwarten waren, von der Backstube aus zu bedienen. Aber gern tat er das nicht, das wusste sie. Und je eher sie zurück sein würde, desto schneller kam er zu seinem Nachmittagsschlaf.

Sie gab sich einen Stoß und nahm ein Taxi vom Bahnhof zum Krankenhaus. »Das brauchst du ja niemandem zu erzählen.«, sagte sie während der Fahrt beiläufig zu ihrem Buben. »Drei Mark, die sparen wir dann woanders wieder ein.« Günther schien ein bisschen stolz zu sein, dass er jetzt ein Geheimnis mit seiner Mutter teilte.

Im Krankenhaus waren sie ganz schnell fertig. Der Gips wurde mit einer Art Geflügelschere aufgeschnitten, bei deren Anblick der kleine Kerl ganz still wurde. Aber sie hielt sein anderes Händchen ganz fest und er biss auf die Zähne. Der Arzt war mit dem Zustand des Armes zufrieden, sie konnten wieder gehen.

Beim Verlassen des Krankenhauses ärgerte sie sich sehr über den langen, umständlichen Heimweg, der ihr bevorstand, zumal sie gesehen hatte, dass direkt vor dem Krankenhaus die Bundesstraße 14 verlief, die nach kaum zehn Kilometern zu Hause direkt an ihrem Laden vorbeiführte. Wenn man doch nur ein eigenes Kraftfahrzeug hätte! Wenn sich ihr Mann doch endlich entschließen könnte, den Führerschein zu machen!

In dieser Situation traf Mutter Weber eine Entscheidung. Sie nahm ihren Buben fest bei der Hand und ging mit ihm auf die andere Straßenseite. »Pass auf, Günther, jetzt machen wir etwas, was ich noch nie gemacht habe.« Günther schaute sehr ängstlich zu ihr hoch. »Mama, was machen wir jetzt?« »Wir reisen per Anhalter, wie die Handwerksburschen.« So sprach sie und schon hielt sie die rechte Hand mit aufgestelltem Daumen den vorüberfahrenden Autos entgegen. In der linken Hand fasste sie ein sehr warmes Kinderhändchen mit festem Griff.

Es war ihr alles überhaupt nicht geheuer. An wen konnte sie bei diesem Wagnis geraten? Natürlich hoffte sie, dass eine Frau mit einem Kind schnell einen anständigen Menschen finden würde, der sie mitnahm. Und was sollte der Kleine bei der Sache denken? Sie nahm sich vor, seine Hand die ganze Zeit nicht loszulassen, damit er, egal, was kam, das Gefühl von Sicherheit haben würde.

Der Wagen, der schließlich nach kurzer Zeit anhielt, war der größte, der bis dahin aufgetaucht war, ein riesiger blauer Laster, der zischend und schaukelnd fünfzig Meter hinter ihnen zum Stehen kam.

Bis sie das Führerhaus erreicht hatten, schwang schon an der rechten Seite die Kabinentür auf. Das Gesicht des Fahrers erschien hoch droben, schweißnasse Stirn, Stoppelhaare, müde Augen mit Tränensäcken. »Geben sie das Kind hoch.«, verstand sie über den Lärm hinweg. Sie wechselte zunächst ein paar Worte über Route und Ziel mit dem Mann, der ihr bis dahin nicht bekannt war. Er sprach schwäbisch und klang solide. Sie hatte keine Bedenken, den Buben hochzureichen und kletterte selbst so schnell wie möglich hinterher über mehrere Stufen hinauf in die Kanzel des vibrierenden, fauchenden Fahrzeugs.

Die Fahrt dauerte kaum eine Viertelstunde, der Blick auf die Straße von so hoch oben war ganz ungewohnt. Spannend. Sie fühlte sich wie die Königin der Landstraße. Vielleicht hätte sie so etwas schon früher ausprobieren sollen.

Sie bat den Fahrer, als der Heimatort erreicht war, schon eine Kreuzung früher anzuhalten, und kletterte, nachdem sie sich bedankt hatte, so schnell wie möglich die Stufen wieder runter. Als sie mit Günther an der Hand aufs Haus zuging, spürte sie seine Aufregung daran, dass er kaum atmete. Sie wollte ihn auf andere Gedanken bringen und fragte: »Na, mein Großer, wie ist es uns im Krankenhaus gegangen. War's schlimm?« Der strahlte sie nur an: »Mama, das Krankenhaus, das war doch gar nichts. Und den Doktor haben wir ja schon gekannt. Aber die Fahrt mit dem Laster, puh, die war … gelt, das erzählen wir aber niemand. Das bleibt unter uns!«

01:15

Was macht der Ofen inzwischen?

01:30

Saubermachen des Tischs und Zeit für einen Kaffee.

Mäusejagd

Mein Bruder und ich verbrachten in den 1960er Jahren normalerweise die Hälfte der großen Ferien im Schwarzwald auf dem Bauernhof der Oma. Dort wohnten auch der Patenonkel und die Patentante, die bei uns Döthe und Dothe genannt werden. Die Dothe wirtschaftete mit der Oma in Haus und Garten, der Döthe verdiente sein Geld als Schichtarbeiter »beim Daimler«, trieb aber nach Feierabend noch die kleine Landwirtschaft um.

In der Zeit der großen Ferien fand meist die Getreideernte statt und das war für uns mit das wichtigste Ereignis des Sommers.

Wir gingen den ganzen Tag mit aufs Feld, hatten aber keine wirkliche Aufgabe bei der Ernte, denn die wesentlichen Arbeiten wurden entweder durch Maschinen, den Traktor, den Garbenbinder erledigt, oder sie waren zu schwer oder zu gefährlich, um uns unerfahrene Stadtkinder einzubeziehen.

Wir beide hatten etwas ganz anderes zu tun. Vom Döthe hatten wir schon in den vorangegangenen Jahren gelernt, wie man Feldmäuse lebend fangen und in einer größeren Zinkwanne, die es auf dem Hof gab, für einige Tage gefangen halten kann. Wenn sie am Ende der Ferien noch nicht geflohen waren, nicht verdurstet oder im Wassernapf ertrunken und wenn die Katze sie nicht aus ihrem Verlies befreit hatte, dann ließen wir sie wieder laufen, bevor wir nach Hause zurückfuhren. Nicht viele von ihnen werden dieses Glück letzten Endes gehabt haben.

Bei jener Ernte, von der ich hier berichte, hatten wir uns vorbereitet und einen blechernen Zehn-Liter-Marmeladeneimer mit gut schließendem Deckel mit aufs Feld genommen. Im Jahr zuvor hatte es nämlich einen großen Ärger gegeben, weil die Mäuse, die wir – wie seit Jahren bewährt – im Werkzeugfach des Traktors eingesperrt hatten, dort während der Heimfahrt den Führerschein so restlos zu Konfetti zerbissen hatten, dass man uns verbot, jemals wieder ein Tier dort hinein zu sperren.

Unsere Fangtechnik bestand darin, bewaffnet mit einem Besen oder einer Heugabel neben den Erwachsenen herzugehen, die am

Vortag gebundene Getreidegarben mit einer ebensolchen Gabel vom Boden aufnahmen und sie auf den Anhänger des Traktors luden. Sehr oft hatten sich unter den Garben Mäuse versteckt oder gar über Nacht fest eingenistet und im Moment des Aufhebens wuselten diese Tierchen in heller Panik davon.

Man musste dann schnell und geschickt sein, um so ein Mäuslein mit dem flach auf den Boden gepressten Werkzeug, oder, wenn's die Situation ergab, auch direkt unter der Schuhsohle einzuklemmen, ohne es zu zerquetschen, und man musste den Mut haben, das vor Angst rasende Tier mit zwei spitzen Fingern so geschickt an der Nackenhaut zu packen, dass es einen nicht mit den langen gelben Nagezähnen erwischte, und es dann schnell in den Transportbehälter zu befördern.

Wir waren inzwischen recht geübte Fänger, der Eimer füllte sich, ich glaube, dass es zwölf oder dreizehn Feldmäuse aller Größen und Farbschattierungen waren, die zitternd im Eimer saßen, als wir in der Abenddämmerung auf den Traktor stiegen, um zum Hof zurückzufahren. Eine Karotte, die wir vorsorglich mitgebracht hatten und eine Hand voll abgerupfter Weizenähren sollten ihnen das Überleben bis zum Abend sichern.

Unser Jagdglück schien aber erst so richtig vollkommen, als wir bei der Ankunft am Hof einen jungen Igel entdeckten, der sich durch das Scheinwerferlicht erschreckt mitten auf dem Weg zur Kugel zusammengerollt hatte. Ohne viele Umstände und gegen den zögerlichen Protest unserer erwachsenen Begleiter wurde auch er in den Marmeladeneimer befördert.

Alle waren müde und hungrig und so setzten wir uns erst einmal zum Abendessen. Der Eimer mit unserer Beute stand derweil in der Ecke der Bauernküche. Während wir uns mit Büchsenwurst, Großmutters Bauernbrot und dem unvergessenen Zitronensprudel stärkten, schien es auch bei den Mäusen hoch herzugehen. Nach dem Ende unserer Mahlzeit hatten sie sich anscheinend beruhigt und wir gingen, erfüllt von Jagdstolz und ohne jede Vorahnung, daran, den Deckel vorsichtig zu öffnen, um unsere »Viecher« zu zählen, zu versorgen und ein Quartier für den Igel vorzubereiten.

Beim Öffnen des Gefängnisses schlug uns Totenstille und eine dicke, übelriechende Dunstwolke entgegen und noch bevor wir hineinschauten, wussten wir, dass wir etwas furchtbar Falsches getan hatten. Urin, Mäusedreck und Blut konnte man riechen und ich glaube auch die Panik und die Todesangst, die die Szene im Eimer beherrschte. Fast alle Mäuse waren tot, schrecklich zerbissen, halb aufgefressen von dem Igel, der seinen Kopf schnell einzog, als das Licht ihn erreichte. Ein einziges Mäuslein, ein hübsches, langschwänziges Tier mit großen Ohren, saß blutend, aber lebendig am einzigen sicheren Platz, nämlich auf dem Rücken des Igels, gelähmt vor Angst und fest an die Stacheln geklammert, die längst seine Füße zerstochen hatten.

Wir waren entsetzt über das, was wir angerichtet hatten, erschlagen von Ekel, Scham und Enttäuschung, nicht fähig zu irgendeiner Handlung. Der Döthe, der wohl schon etwas geahnt, aber doch in der kurzen Zeit nicht mit einem solchen Massaker gerechnet hatte, griff schließlich ein. Er setzte den Igel wieder in die Hofeinfahrt, ließ das Mäusle im Garten springen und versuchte, uns Buben vor dem Schlafengehen wieder ein bisschen ruhig zu bekommen.

Wir sind danach noch oft im Schwarzwald gewesen, aber das Mäusefangen hat nie wieder so richtig Freude gemacht.

ZUCKERKUCHEN

Während der Schulferien bei der Oma ergab es sich regelmäßig, dass wir mit der Dothe zum Backtag ins Gemeindebackhaus gingen. Aus jener Zeit stammen meine ersten Erinnerungen an prasselnde Flammen in einem gemauerten Gewölbe, das Quietschen der schweren, schwarz verrußten Ofentür, dicke Schwaden aus Holzrauch, Brotkrustenduft und dem hefigen, alkoholischen Dunst, der von den noch teigigen, aber vollreifen Hefezöpfen aufstieg. Vielleicht wurde dort irgendwann ein kleiner Holzofenbäcker in mir geboren.

An diesen Backtagen war zu Hause meist keine Zeit, auch noch ein warmes Essen zu kochen. Nach der Rückkehr vom Backhäusle wurde nur noch gevespert. Aber den ganzen Tag über erschienen während des Backens immer wieder Köstlichkeiten aus dem Ofen, die nur dazu da waren, sofort an Ort und Stelle verspeist zu werden und die Backfrauen mit ihren Helfern, also uns, bei Laune und bei Kräften zu halten.

Da gab es zum Einen die verschiedenen Salzkuchen – in anderen Regionen auch als Blooz, Dinnette oder Wäs bekannt –, die schon vor dem Brot in der ersten Hitze gebacken wurden und die auch ein Mittel sind, die Temperatur des frisch aufgeheizten Ofens zu prüfen und zu entscheiden, wann es Zeit sein wird, das Brot einzuschießen.

Und nach dem Brot – noch vor den Hefezöpfen – gab es, wenn vom Zopfteig noch etwas übrig war, oft noch einen schnell herausgebackenen Zuckerkuchen:

Vorbereitung: ca. 5 Minuten + 15 Minuten Teigruhe
Zubereitung: ca. 15 Minuten + 3 Stunden Teigruhe
Backzeit: ca. 20 Minuten
Backtemperatur: ca. 220 °C

500 g Hefezopfteig (siehe Seite 72: Mohnzöpfe)
100 g Zucker · 2 EL Sahne oder auch Sauerrahm

¶ Die Zubereitung des Zuckerkuchens ist denkbar einfach. Man legt mit dem Hefeteig ein rundes und gefettetes Kuchenblech (∅ 30–32 cm) so aus, dass ein etwa 1 cm hoher Rand entsteht. Das Blech wird in der Backstube irgendwo nach oben gestellt, wo es schön warm und zugfrei ist.

¶ Währenddessen mischt man Zucker und Sahne zu einem dicklichen Brei an. Wenn der Teig schon etwas gereift, aber noch belastbar ist, ohne gleich zusammenzufallen, drückt man mit den gespreizten Fingerspitzen eine Landschaft aus Bergen und Tälern hinein. Darüber wird die Zucker-Sahne-Mischung mit einem Löffel verteilt und gleich darauf wird der Kuchen in den vorgeheizten Backofen geschoben.

¶ Nach etwa fünf Minuten fängt in den Tälern unseres Kuchens die Zuckersauce an zu brodeln, dann die Ofenhitze auf 200 °C verringern. Wenn die Zuckersauce karamellisiert und die Berge sich heben und knusprig braun färben, dann ist der Kuchen fertig (12–15 Minuten). Und er sollte unbedingt noch ofenwarm gegessen werden!

01:50

Verteilen der Glut im Ofen.

Als Bäcker auf Reisen

Fladenbrot in Kairo

Meine Erinnerung an die Bäckerei in Kairo liegt sehr lange zurück. Als frisch gebackener Bäckergeselle war ich Mitte der 1970er Jahre mit dem Rucksack auf dem Weg nach Ostafrika. Ein Buch über die frühen englischen Afrika-Reisenden hatte mich auf die Idee gebracht, dem Verlauf des Nils zu folgen – von der Mündung in Ägypten bis hinauf zu den beiden Quellen, der des Blauen Nils im Hochland von Äthiopien und der des Weißen Nils in den »Mountains of the Moon« im Grenzgebiet zwischen dem Kongo und Uganda.

In Kairo betrat ich zum ersten Mal afrikanischen Boden. Ägyptische Freunde boten an, mir die Bäckerei ihres Stadtviertels zu zeigen. Die Bäcker dort waren die einzigen Araber, die ich während der ganzen Reise in kurzen Hosen sah.

Es gab in der Bäckerei eine schöne, uralte Knetmaschine, bei der man beobachten konnte, wie die offen liegende Mechanik den keulenförmigen Knetarm in eine seltsam schlingernde Bewegung brachte, ab und zu musste auch einer der Bäcker mit Muskelkraft weiterhelfen, wenn der Transmissionsriemen ins Schleifen kam, mit dem die Kraft quer durch den Raum übertragen wurde, und infolgedessen der Knetkessel einfach stehenblieb. Für mich war das wie ein Blick zurück in die Geburtsstunde all der Technik, mit der wir in unseren Backstuben zu Hause so selbstverständlich umgehen und die uns völlig hilflos werden lässt, wenn sie einmal versagt. Und doch war diese Backstube mit ihrer schwarz verrußten Decke anders als alles, was ich kannte.

Das Mehl, das verbacken wurde, war von schöner hellbrauner Farbe und fasste sich körnig, fast scharfkantig an. Die Teige, so ließ ich mir sagen, wurden jeweils am Vorabend gemacht und standen über Nacht. Der Trieb entwickelte sich dabei aus einem Anteil reifen Teiges, der jeweils in die nächste Produktion übernommen wurde. Ich versuchte, zu erklären, dass wir das zu Hause mit dem Sauerteig genauso machen. Ich glaube, das kam aufgrund mangelnder Sprachkenntnis nicht ganz verständlich rüber. Bis zum Schluss war ich mir nicht sicher, ob das nun eine reine Hefeführung war, die so immer weitergeführt wurde, oder ob da auch eine Milchsäurekultur im Spiel war. Jedenfalls wurde keinerlei gekaufte Hefe zugesetzt. Man kennt solche Führungen unter Bezeichnungen wie »Hefel« oder »Hebel« bei uns noch in mancher kleinen Bauernbackstube.

Ja, und dann gab es da einen Backofen in Form einer hochgewölbten gemauerten Kuppel, die mit Holzkohlenglut aufgeheizt wurde. Die Bäcker beherrschten die Kunst, frisch geformte Teigfladen so an die glühend heißen Innenwände der Kuppel zu klatschen, dass sie dort kleben blieben.

Zu gerne würde ich heute noch einmal zuschauen, wie sie das machen. In der Erinnerung sehe ich nur noch Dutzende Brotfladen, die sich im Ofen an den Wänden durch den Backprozess aufblasen wie Luftballons. Sobald sie durchgebacken sind, fallen sie herunter und man fischt sie mit einer langen Gabel aus dem Ofen.

Das Ergebnis waren appetitlich braungesprenkelte Fladenbrote, handtellergroß und weich, als ob sie aus Stoff wären. Im Inneren hatte sich durch das schnelle Aufblähen ein großer Hohlraum gebildet, man brauchte das Gebäck also nur an einer Seite etwas anschneiden und hatte dann eine Tasche, die mit Spießchenfleisch, Gemüse und Salaten gefüllt wurde. Unter dem Namen Schisch Kebab ist dies eine der ganz klassischen, traditionellen Auf-die-Hand-Mahlzeiten auf den Märkten des Mittleren Ostens.

FLADENBROT

Fladenbrote, wie ich sie in Nordafrika kennenlernte, backe ich gerne als Brotbeilage zum Grillen. Sie sind von den Zutaten her sehr einfach, aber die Herausforderung liegt darin, durch eine geschickte lange Teigführung und einen sehr heißen Ofen – oder auch gut vorgeheizten Backstein – ein sehr lockeres und innen saftiges sowie außen knuspriges Gebäck zu erreichen.

Durch die Mischung von weißem und Vollkornmehl versuche ich, an die Krumenfarbe und -struktur heranzukommen, die ich dort gesehen habe. Das Aufarbeiten mit Grieß ergibt eine besonders schöne Kruste.

Vorbereitung: ca. 5 Minuten + ca. 12 Stunden Teigruhe
Zubereitung: ca. 15 Minuten + 2 Stunden 40 Minuten Teigruhe
Backzeit: ca. 7 Minuten
Backtemperatur: mind. 280 °C

Zutaten

Vorteig

200 g Weizen- oder Dinkelvollkornmehl · 140 ml Wasser, lauwarm
1 etwa erbsengroßes Stück Frischhefe (ca. 2 g)

Hauptteig

200 g Weizen- oder Dinkelvollkornmehl
600 g Weizenmehl, Type 550
500 ml Wasser, lauwarm, bei Bedarf etwas mehr
20 g Salz · ¼ Frischhefewürfel (ca. 10 g)

Dinkel- oder Hartweizengrieß zum Formen

¶ Am Vorabend bereite ich aus Mehl, Wasser und Hefe einen Vorteig zu und lasse ihn abgedeckt bei ungefähr 20 °C Raumtemperatur stehen.

¶ Am Backtag gebe ich den Vorteig zu den restlichen Zutaten und bereite einen relativ weichen Teig, der etwa zwei Stunden abgedeckt an einem warmen Ort reifen darf. Es schadet nicht, wenn man ihn während dieser Zeit zwei Mal aufzieht und zusammenfaltet. Dazu nimmt man den Teig aus der Schüssel, legt ihn auf eine leicht bemehlte Arbeitsfläche, zieht ihn mit beiden Händen in die Länge und legt ihn dann in drei Schichten zusammen – in etwa so, wie man ein gebügeltes Handtuch zusammenlegen würde. Dann dreht man ihn um 90 °C und wiederholt das Ganze. Danach kommt er zurück in die Schüssel.

¶ Wenn er dann schön triebig[e] in seiner Schüssel liegt, verwiege ich ihn zu zwölf gleichen Teilen. Diese werden rundgeschliffen[f] und noch einmal 40 Minuten in die Falten eines bemehlten Leintuchs[g] eingezogen und zum Entspannen an einen warmen Ort gelegt.

¶ Danach forme ich sie mit den Händen vorsichtig auf einer Unterlage aus Dinkel- oder Hartweizengrieß zu runden, etwa 5 mm dicken Fladen und schiebe sie ohne weitere Ruhezeit in einen sehr heißen Ofen direkt auf die vorgeheizte Fläche. Schon nach sieben oder acht Minuten sollten sie sehr stark aufgeblasen sein, sich goldbraun färben und im Idealfall ein Muster aus sehr dunkelbraunen Flecken aufweisen. Dann ist es Zeit, sie aus dem Ofen zu holen und sich um die Fleischspießchen auf dem Grill zu kümmern!

e Der Teig sollte sein Volumen jedes Mal nach dem Aufziehen und Falten innerhalb einer Stunde wieder verdoppeln, sonst muss man ihn an einen warmen Platz stellen.

f Rundschleifen nennt man das Wirken kleiner Teigportionen von Hand. Diese werden auf einer bemehlten Arbeitsfläche immer in der gleichen Richtung kreisend rund gerollt, bis eine glatte Kugel entsteht.

g Ausgekochtes Küchen- oder Geschirrtuch, das nicht mit Waschmittel gewaschen wird, damit kein Seifengeschmack in den Teig übergeht.

02:00

Blick zur Uhr:
Wir sind im Plan!

In Afrika

»**W**einen die Menschen in Deutschland auch?« Diese Frage bleibt die stärkste Erinnerung an eine Reise, die mich auf Zügen, Lastwagen, Schiffen und oft auch zu Fuß viele Monate durch die Länder des östlichen Afrikas führte.

Ich saß in Äthiopien, in der Südwestprovinz Kaffa, in einem Urwalddorf fest. Der Pickup, auf dessen Ladefläche ich hergekommen war, war drei Kilometer vor dem Ort mit gebrochener Achse liegengeblieben. Weitertransport, sagten die Leute, sei nicht vor dem übernächsten Tag zu erwarten. Genau so gut konnte es auch zwei Tage länger dauern, niemand wusste das wirklich. Für mich war das kein Problem. Meine Reise in die Quellregionen des Nils hatte kein greifbares Ziel, meine Tage waren völlig ungeplant. Ich wollte Afrika erfahren, das Leben und den Rhythmus der Menschen kennenlernen, dafür war dieser Ort genauso richtig wie jeder andere.

Aber was tut man dann tatsächlich zwei Tage lang in einem Dorf im Urwald? Begleitet von einer Schar neugieriger Kinder, die sich nicht abschütteln ließen, folgte ich der Schotterstraße nach Westen, musste aber schon nach einem Kilometer wieder umkehren, weil ein kleiner Fluss den Weg versperrte, der zwar leicht mit einem Geländefahrzeug, aber nur unter Gefahr zu Fuß überquert werden konnte.

Zurück im Dorf setzte ich mich in die einzige Bar, einen Unterstand aus Palmzweigen mit zwei windschiefen Tischen und einer Musikbox, die nicht spielte, weil es keinen Strom gab. Eine lauwarme Cola, Tagebuch schreiben unter den staunenden Augen einiger Dutzend Kinder und erwachsener Männer, eine kleine Skizze vom Dorfplatz anfangen und schnell wieder beenden, als sich dadurch der Kreis der Zuschauer um mich herum immer enger schloss. So ging der Vormittag dahin.

Rettung kam in Gestalt eines vielleicht zehnjährigen Jungen, der sich auf Englisch als »Joseph« vorstellte und mir seine Dienste als »Guide« anbot. Er verjagte die Kinder, ignorierte die Männer, nahm mich wie selbstverständlich bei der Hand und zeigte mir sein Dorf. Es gab keine Attraktionen zu sehen, aber er schien verstanden zu haben, dass gerade das Alltägliche für mich das Besondere war.

Joseph hatte wohl schon öfter Fremde begleitet, er wusste, dass es in unseren Ländern nach oben fahrende Treppen gibt, dass für die Fußgänger eigene Straßen angelegt werden, dass es Fernsehen gibt und etwas, das man Schnee nennt. Und so hatte er auch ein Gefühl dafür, dass ich Interesse daran hatte, die Hütten seiner Verwandten gezeigt zu bekommen, Vater, Mutter und dem Lehrer vorgestellt zu werden, die Haustiere kennen zu lernen, ein paar magere Hühner, halbwilde, borstige Schweine, einen struppigen kleinen Papagei, ein angekettetes Äffchen.

Völlig ungläubig sah er mich an, als ich auf seine Frage hin meinen Beruf nannte. Brot backen – das sollte ein Beruf sein? Genau so gut könnte man ja wohl sagen, Kinder hüten sei ein Beruf oder essen oder herumlaufen und mit den Nachbarn reden. Wir sprachen darüber, was man für diesen seltsamen Beruf »Bäcker« lernen müsse. Dabei erfuhr er, dass wir in europäischen Backstuben viele Maschinen einsetzen und dass auch ein Backofen in Deutschland nicht einfach eine aufgemauerte Feuerstelle ist, sondern eigentlich ebenfalls eine große Maschine. Da meinte er, das sei natürlich etwas anderes, dann sei ich ja eigentlich ein Techniker.

Unser Rundgang endete an dem staubigen Markt, den ein paar wie zufällig hingeworfene Verkaufsstände bildeten. Ich kaufte Mittagessen für uns beide, gekochte Bananen und Trockenfisch. Wir aßen auf einer wackligen Bank, immer wieder drehten sich seine Fragen um das, was gleich und was anders sei in unserer und seiner Welt. Ich schenkte ihm zum Abschied ein paar Münzen und einen Kugelschreiber. Beim Verlassen des Platzes mussten wir an einem Spalier von sechs oder sieben Bettlern vorbei, mitleiderregenden Gestalten, die ihre Geschwüre und verkrüppelten Gliedmaßen präsentierten, so wie man in Deutschland seinen Ausweis als Spendensammler vorweist.

Und bei der letzten dieser apokalyptischen Figuren, einem völlig ausgezehrten Mann mittleren Alters, der gar nicht bettelte, sondern nur wimmernd, verkrümmt und von Speichelfäden beschmiert in der prallen Sonne lag, da stellte Joseph die Frage, die mir blieb von dieser Reise: »Weinen in Deutschland die Menschen auch, wenn sie sterben?«

02:20

Aufteilung der Füllung für die Mohnzöpfe.

Pizza in Zaire

In Ost-Zaire, 1977, ging es nur noch zu Fuß weiter. Schlechtes Trinkwasser, durchgelaufene Schuhe, 35 Kilometer am Tag. Als ich bei einer belgischen Mission und Krankenstation eingeladen wurde, ein paar Tage zu rasten, sagte ich nicht nein.

Am zweiten Morgen fanden sie heraus, dass ich Bäcker bin. Von da an gab's nichts Wichtigeres mehr als das Projekt »einmal Pizza für alle Bewohner«.

Alles in allem lebten dort an die fünfzig Menschen: der Arzt, die Sanitäter, Schwestern, Gärtner, Patienten, pflegende Angehörige und so weiter.

Weizenmehl gab es, aber es war ein knappes Gut. Wir mussten den Teig mit Maisbrei strecken, der in Ostafrika »Ugali« heißt. Trockenhefe hatten sie auch nur in spärlicher Menge und ich versuchte, sie über einen Vorteig zu vermehren. Salz und Palmöl gab es reichlich.

Als Backblech musste alles herhalten, was feuerfest aussah: Tabletts, Topfdeckel, Gratinformen. Auf den Teig packten wir, was die Speisekammer hergab: Tomatenmark, Dosenmais, Erdnüsse, geräuchertes Wildfleisch und was an Gemüse und Früchten greifbar war.

Der Pickup-Fahrer wurde dazu überredet, den alten Lehmkuppel-Ofen am Rande der Lichtung tüchtig zu heizen. Als die Kuppel von der Hitze Risse bekam, stabilisierte er sie mit einer Schlammpackung.

Schon lange vor der Zeit standen die Leute Schlange, um ihr Stück Pizza abzuholen, das sie dann, zumeist an den Rändern angekokelt, auf einem zerteilten Bananenblatt in Empfang nahmen.

Einige, die nie zuvor Pizza gegessen hatten, versicherten hinterher, das sei die beste Pizza ihres Lebens gewesen …

PIZZA

Wer auf einer Lichtung im Urwald Pizza backen will, nimmt an Zutaten das, was da ist und macht das Beste draus.

Wenn ich zu Hause gerne Pizza haben möchte, dann kenne ich einen guten Italiener, der sie wunderbar zubereitet. Aber manchmal muss man eben auch selber ran – vor allem als Papa an Kindergeburtstagen. Das Argument »Du bisch doch Bäcker!« war damals einfach nicht zu widerlegen.

Für solche Gelegenheiten dient mir nun über die Jahre ein Rezept, das mit wenig Aufwand eine recht passable Pizza ergibt.

Dafür stelle ich schon mindestens drei Tage vorher einen Grundteig her, der im Kühlschrank vor sich hinreift und -quillt, bis er gebraucht wird und dann recht schnell und flexibel als Pizza in den Ofen wandern kann.

Vorbereitung: ca. 15 Minuten + 12 Stunden Teigruhe
Zubereitung: ca. 10 Minuten + 1–2 Stunden Teigruhe
Backzeit: 5–7 Minuten
Backtemperatur: mind. 280 °C, besser 320 °C

Grundteig für etwa 10 erwartete Pizza-Esser
2 kg Weizenmehl, Type 550 · 1,1 l Wasser, lauwarm
2 EL Sauerteig-Ansatz, der an Weizenmehl gewöhnt ist[h]
1 kirschkerngroßes Stück Frischhefe (ca. 5 g)

Zum Fertigkneten am Tag der Zubereitung
Salz · Olivenöl · Mehl

---

*h Ein Roggensauerteig lässt sich durch zweimaliges Füttern mit Weizenmehl bei 34 °C problemlos »umerziehen«. Das Ansetzen eines Sauerteigs geht über ein bis zwei Wochen. Zum Thema »**Sauerteig selber herstellen**« gibt es sowohl im Internet entsprechende Blogs und YouTube-Videos, als auch in Backzeitschriften oder Fachbüchern ausführliche Tutorials. Das würde hier den Buchrahmen sprengen. Alternativ holen Sie sich den Sauerteig einfach in einer handwerklich arbeitenden Bäckerei Ihres Vertrauens oder bei uns auf dem Lorettohof!*

¶ Diese Zutaten werden zu einem recht festen Teig verknetet, der über Nacht in der Küche bei etwa 22 °C Raumtemperatur abgedeckt ruht. Wenn er nach etwa zwölf Stunden angefangen hat, deutlich größer zu werden, stelle ich ihn in einem verschlossenen Gefäß in den Kühlschrank, wo er drei bis fünf Tage weiter reift.

¶ Wenn ich am Backtag dann genau weiß, wie viele Pizze ich backen möchte, wiege ich von dem Teig, der inzwischen deutlich weicher geworden ist, pro Esser 320 g ab. Erst jetzt kommen pro Portion ¾ TL Salz und 1 EL Olivenöl dazu.

¶ Nun knete ich einen gebrauchsfertigen, glatten Teig und füge eventuell noch etwas Wasser hinzu, dann ist er später leichter zu bearbeiten. Ich teile den Teig in die vorgesehene Pizza-Anzahl und forme aus den gleichgroßen Stücken auf einer bemehlten Arbeitsfläche Teigkugeln, das nennt man Rundschleifen.[i] Der dafür nicht benötigte Rest des Grundteigs bleibt im Kühlschrank und hält sich dort noch etliche Tage länger, z. B. für eine spontane Pizza zum Mittagessen. Oder er wird zum nächsten Weißbrotteig gegeben und bereichert dessen Aroma.

¶ Gegen Zugluft geschützt, mit einem Küchentuch[j] und obendrauf noch mit Folie abgedeckt, brauchen die Teigkugeln ungefähr noch ein bis zwei Stunden, dann sind sie schön reif und fast zur doppelten Größe aufgegangen. Auf der bemehlten Arbeitsfläche ziehe ich sie mit den Händen zu sehr dünnen Fladen aus und bestreiche sie mit einer vorbereiteten Tomatensauce. Dann rufe ich die Gäste herbei, die aus Schüsselchen und Tellern die vorbereiteten Belagszutaten für ihre Wunschpizza aussuchen und diese selbst belegen dürfen.

¶ Die Pizze setze ich dann, wenn möglich ohne Pizzablech darunter, in einen maximal vorgeheizten Ofen und backe sie sehr knusprig (bei 320 °C fünf bis sieben Minuten). Fertig sind sie, wenn sich an der Unterseite erste braune Flecken zeigen.

---

i *siehe Seite 42*

j *siehe Seite 42*

02:45

Portionieren des Zopfteigs mit Hilfe der Brötchenpresse.

Kaffee im Regen

Nach der Afrika-Reise war mir klar, dass ich nicht mehr als Tourist ein Land der sogenannten Dritten Welt bereisen wollte. Ich wollte mich engagieren, suchte meinen Platz und mein Thema in der Eine-Welt-Bewegung. Ich beschäftigte mich dann für viele Jahre mit den Befreiungsbewegungen in Mittelamerika und versuchte, Unterstützung und Verständnis zu organisieren. Von drei Reisen, die mich im Abstand von jeweils zwei Jahren nach Nicaragua führten, stammen die folgenden Tagebuchnotizen.

Reisetagebuch vom Dezember 1980:

Ich muss mir immer wieder sagen, dass ich mir das hier selbst ausgesucht (oder eingebrockt?) habe. Den Alltag der Wanderarbeiter wollte ich kennenlernen, auch einen Beitrag zum Fortkommen des Landes leisten, bei der Kaffee-Ernte wollte ich helfen, klar, was liegt näher? Kaffee ist eines der zentralen Produkte der mittelamerikanischen Länder, in Nicaragua wohl das wichtigste überhaupt, jedenfalls solange der Weltmarktpreis hält.

Aber hier im Regen zu stehen in einer uralten verwahrlosten Kaffeepflanzung, in der man kaum die Kaffeebüsche vom Gestrüpp unterscheiden kann, die schorfigen Äste mit den angeblich so wertvollen Arabica-Kirschen mit einem primitiven Stock aus drei Metern Höhe herunterzuziehen, wobei einem – jedes Mal und immer überraschend – kübelweise Regenwasser auf Kopf und Schultern prasselt, in den Kragen durch das völlig durchnässte Hemd läuft, um sich später in Bächen durch die Hosenbeine in die Schuhe und dann hoffentlich weiter zum pazifischen Ozean seinen Weg zu suchen… Wenn das nicht alles so mühselig wäre, könnte man darüber lachen: Zu Hause hatte ich mir das ganz anders ausgemalt, wie es wäre, in einer tropischen Pflanzung zu stehen, sich mit markiger Faust den Schweiß von der Stirn zu wischen, während die andere Hand Giftschlangen und Jaguare abwehrt, und noch eine Hand, die dritte dann, zum Wohl der Sandinistischen Revolution pralle Kaffeekirschen von strammstehenden Büschen erntet. Und jetzt also die

Wirklichkeit: Nicht Schweiß wische ich aus den Augen, sondern eklig kaltes Regenwasser und kratzende Brösel aus Baumrinde, nicht die Sonne der mittelamerikanischen Revolution schaut auf uns herab, sondern Nebelschwaden ziehen durch flechtenbehangene Bergwälder, nicht Schlangen und Raubkatzen, sondern kleine, fiese Wespen und Ameisen hindern uns an der Arbeit, krabbeln und beißen, nerven und stechen und surren und schwirren um uns herum, so dass man die Viertelstunden zählt, bis endlich der Pferdekarren kommen wird, der das Mittagessen in die Pflanzung bringt.

Das Mittagessen, das nach neun Tagen dieser Diät aus nichts als Reis mit Bohnen und Maistortilla keine kulinarische Vorfreude mehr auslöst, aber doch die Erwartung auf eine halbe Stunde ohne Regen mit sich bringt, eine halbe Stunde in dem zugigen Unterstand oben an der Zufahrt und die schöne Vorstellung, wie es sein wird, sich die Finger ein wenig an dem lauwarmen Blechteller mit dem Bohnenbrei zu wärmen.

Das Arbeiten im Regen hat die unerwartete Folge, dass man meist am Nachmittag, wenn das Horn zur Sammelstelle ruft, mehr geerntete Kaffeekirschen vorzuweisen hat, als bei schönem Wetter. Das liegt wohl daran, dass man eher mit einer gewissen Verbissenheit alleine vor sich hin arbeitet, kaum die Kollegen in den anderen *surcos* (Buschreihen) wahrnimmt, gegen Kälte, Nässe und Frust anarbeitet, in der Hoffnung, dass so die Stunden schneller rumgehen. Heute werde ich wohl zum ersten Mal die fünf *latas* schaffen, in den ersten Tagen waren es kaum zwei gewesen, wenn wir am Nachmittag zum Messen kamen. Die *latas*, das sind, so viel ich sehe, ehemalige Motorölbüchsen mit schätzungsweise 20 Litern (bzw. natürlich irgendwas in Gallonen) Inhalt. Da passen ungefähr 18 kg frisch geerntete Kaffeekirschen hinein. Mit diesen Büchsen werden am Feierabend die Ergebnisse der einzelnen Pflücker oder Familien gemessen und penibel aufgeschrieben.

Ein erfahrener junger Pflücker kann in einer guten Pflanzung am Tag schon mal zwölf, dreizehn latas schaffen. Die Familien, häufig eine alleinstehende Frau mit mehreren Kindern vom Windelalter aufwärts, landen meist bei neun, zehn, auch mal zwölf latas, die Kinder arbeiten oft recht fleißig mit und räumen die untersten Zweige ab, aber sie verschwinden zwischendurch auch mal für eine Weile oder setzen sich in den Schatten und geben bekannt, dass es langweilig sei und sie Hunger hätten. Ein tolles Bild ist es dann, wenn so ein zehnjähriger Dreikäsehoch nachmittags am Sammelplatz erscheint und voller Stolz einen Plastiksack mit 25, 30 oder mehr Kilo Kaffee auf dem Kopf balanciert. Die Mütter arbeiten zielstrebig, meist schweigend, ihre surcos ab, viele sicher so, wie sie es auch schon als Kinder jeden Winter zwei Monate lang getan haben. Trotzdem bleibt ihr Ergebnis meist hinter dem der männlichen Pflücker zurück, weil die Frauen eben den ganzen Tag auch noch durch Stillen, als Trösterin bei Wespenstichen und anderen Wehwehchen und durch all die anderen Familienpflichten bei der Arbeit unterbrochen werden. So ist leider die soziale Wirklichkeit auch im nachrevolutionären Nicaragua: Eine Familie besteht aus einer Frau und vielen Kindern. Die Väter dieser Kinder scheinen damit nichts zu tun zu haben. Es gibt Ausnahmen, klar, aber hier auf der Finca »San Isidro« habe ich unter vielleicht achtzig Pflückern und Pflückerinnen nicht mehr als drei äußerlich intakte Familien mit Vater und Mutter gesehen.

Wilder Honig mit Carlitos

Durch die Arbeit in der staatlichen Kaffeeplantage kam ich in Kontakt mit einer Kooperative von Kleinbauern, die etwas weiter nördlich, im Tal von Pantasma, unter anderem auch Kaffee erzeugte.

Reisetagebuch vom Februar 1981:

Vormittags hatten wir zu fünft Jungvieh zusammengetrieben und zum Baden gebracht, mir hatten sie dazu ein ganz altes, müdes Pferd zugeteilt, auf dem ich immer ein wenig hinterhertrottete, aber immerhin: Ich bin oben geblieben.

Kurz vor Mittag hatte der »schwarze Carlitos« in einem Pfahl des Weidezauns ein kleines Bienennest entdeckt, da strahlten die Gesichter! Mit einer Machete schlug Carlitos das Holz auf und holte mit bloßen Fingern einige vor Honig tropfende kleine Waben heraus. Ich beobachtete alles aus sicherer Entfernung, wartete auf den ersten Schrei, wenn die Bienen zum Gegenangriff übergehen würden, aber es geschah nichts, die kleinen dunklen Wildbienen, mariolas genannt, umschwirrten uns ebenso wütend wie hilflos, während sich jeder von uns ein Stück Wabe nahm und den wunderbar aromatischen, fast flüssigen Honig direkt daraus saugte und die letzten Reste aus dem Wachs heraus kaute: Diese Bienen können gar nicht stechen! Wieder was gelernt.

Abends vor dem Haus komme ich mit Carlitos ins Gespräch. Ich hatte mich von Anfang an gewundert, dass er *el negro*, der Schwarze, genannt wird, obwohl seine Haut nur unwesentlich dunkler ist als die der anderen. Dann fiel mir allmählich auf, dass sein Spanisch etwas gebrochen klingt und seine Körpersprache viel ausgeprägter ist, als man das in dieser Gegend sieht.

Jetzt bestätigt er, was ich vermutet habe: Ja, er ist ein Miskito[k] und stammt von der Atlantikküste aus der Gegend von La Bonanza. Seine Mutter ist schon vor vielen Jahren »am Fieber« gestorben, der Vater

k Indigenes Volk, das heute an der Atlantikküste zwischen Honduras und Nicaragua lebt.

verunglückte 1977 bei der Arbeit in den Goldminen tödlich. Danach musste Carlitos als Fünfzehnjähriger den Lebensunterhalt für die Geschwister als Bergmann verdienen. »Es wurde immer schlimmer in den Minen«, erzählt er, »die Löhne wurden gekürzt, es wurde von einer bevorstehenden Stilllegung der Bergwerke gesprochen, meinen Bruder Fernando haben sie totgeschlagen, als er von Streik sprach. Zwei Tage später haben sie mich rausgeschmissen.«

Als die Sandinisten im Mai 1979 La Bonanza für einen Tag besetzten, schloss er sich ihnen an. Er war später bei der Eroberung von Matagalpa dabei und zog am 19. Juli mit den *muchachos* der Sandinistischen Befreiungsfront ins befreite Managua ein. Danach war er zwei Jahre bei der neuen Armee. Als ihm das »langweilig« wurde, wie er sagt, fand er die Kooperative Juan Castillo Blanco und wurde als Genosse aufgenommen. Richtig glücklich ist er hier nicht, irgendetwas fehlt ihm. Ich kann mir vorstellen, was, weil ich das Leben an der Atlantikküste kennengelernt habe. »Vielleicht«, brummelt Carlitos, »gehe ich Ende des Jahres zu meinen Leuten zurück, *quien sabe,* wer weiß?«.

Ich fühle mich inzwischen sehr wohl in der Kooperative und bereue nur, nicht früher hergekommen zu sein. Diese leise plätschernden Gespräche am Abend vor dem Haus könnte ich noch wochenlang führen, wenn ich Zeit hätte. Ich möchte am liebsten die Lebensgeschichte von jedem einzelnen hier aufschreiben, Doña Clara zum Beispiel, die nach dem großen Erdbeben tagelang durch die Hauptstadt irrte und dann hier ins Tal zurückkam oder Don Chente, Ruhepol und Großvaterfigur der Kooperative mit gerade fünfzig Jahren, der mit Maura sechzehn Kinder hatte, von denen fünf noch leben.

Oder auch dieser Juan Castillo Blanco, nach dem die Kooperative benannt ist. Sicher ein Gefallener aus der Zeit des Volksaufstandes. *Héroes y mártires* nennt man diese unvergessenen Toten mit selbstverständlichem Pathos, Helden und Märtyrer. Juan Castillo Blanco ist mit seinem Namen in der Alltags-Kurzform *Castilblanco* tatsächlich jeden Tag präsent.

Sie haben alle so viel Geschichte auf dem Buckel …

Der Überfall

Das Pantasma-Tal galt als eine der besonders wenig entwickelten Ecken des Landes. Gerade deswegen hatten sich dort schon kurz nach dem Ende der Diktatur die ersten Kleinbauern-Kooperativen gebildet. Die deutsche Solidaritätsbewegung machte diese Kooperativen zu einem ihrer zentralen Informations- und Spendenprojekte. So kam es, dass ich zwei Jahre später wieder eine Reise nach Pantasma plante. Wenige Tage vor dem Abflug kam die schreckliche Nachricht: Pantasma ist von einer ganzen Armee der US-gesteuerten Contras überfallen worden, es hat viele Tote gegeben, die Kooperative ist wohl mehr oder weniger vernichtet worden. Ich musste trotzdem hinfahren – wir waren schließlich Verpflichtungen eingegangen.

Reisetagebuch vom Februar 1983:

Mir fällt zuerst am Straßenrand das zerstörte *beneficio* der nahegelegenen staatlichen Hazienda auf, also der Maschinenraum, in dem der Kaffee nach der Ernte geschält wurde. Auch die Pflücker von Castilblanco hatten ihren Kaffee vor zwei Jahren immer hier abgeliefert. Das Häuschen ist bis auf die Grundmauern niedergebrannt, verkohlte Maschinenteile liegen herum. Einige Arbeiter sind damit beschäftigt, ein neues Gebäude zu errichten.

»Wenn wir nicht in den nächsten zwei Wochen Ersatz für die Maschinen bekommen, ist die Kaffee-Ernte verloren«, erklären sie mir. »Nach zwei Tagen beginnt der Kaffee in den Säcken zu faulen und wir müssen ihn in den Fluss kippen. Das haben diese Verbrecher ganz genau gewusst, als sie ihre Granaten hier rein warfen.«

Ich mache einige Fotos und lasse mir zeigen, wo die Kooperative ihre neuen Wohnhäuser gebaut hatte. Es ist direkt gegenüber. Ich übersteige den Zaun und sehe mich auf der Wiese um. Zwischen der Straße und dem Fuß des Hügels verteilt finde ich die Überreste von mindestens fünfzehn Wohnhütten. Alle sind bis auf den Betonfußboden niedergebrannt. Von den älteren, die aus Lehm und Holz gebaut waren, ist nur noch ein kniehoher Wall von auseinanderfallenden Feldsteinen zu erkennen, die einmal den Sockel gebildet haben. In einem dieser Häuser soll Carlitos gewohnt haben, der immer zurückwollte zu seinen Leuten an die Atlantikküste. Was ist wohl mit ihm geschehen?

Die flimmernde Hitze, der Gestank nach Brand und Verwesung und der Ekel über das, was ich hier vorfinde, rauben mir fast den Verstand. Mit jedem verbeulten, rostigen Blechteller, jedem bunten Kleiderfetzen, jedem angesengten Stiefel, den ich sehe, wächst in mir die Wut. Ich finde einen zerbrochenen Bettrost, den verschmorten Rest einer Taschenlampe, Töpfe, Kaffeekörbe, einen verkohlten Sattel, Flaschenscherben. Violas Nähmaschine liegt zerbrochen im Schlamm eines Wasserlochs, Noras Garten ist von Schweinen zertrampelt und durchgewühlt.

Ich finde die Ruine eines Schuppens, in dem Baumaterial für weitere Häuser gelagert war, rostende Drahtrollen, Dutzende von verbeulten Wellblechplatten und einen ganzen Stapel Zementsäcke, die Papierhülle vom Regen abgewaschen, der Inhalt zu einem monströsen Denkmal erstarrt.

Sieben Männer auf Nachtwache sind in den Schützengräben oben auf dem Hügel gestorben, schlecht ausgebildet, wie ich mir vorstelle, mit wenig Munition in den Taschen und eingekreist von vierhundert Contras.

Ein *miliciano* (Milizionär) zeigt mir noch andere Stellen, an denen Menschen gestorben sind: Drüben am Zaun einer, der zu fliehen versuchte. In einer der Hütten, wo die frischen Blumen und das Holzkreuz liegen, eine Frau und drei kleine Kinder. Und so fort. Sechzehn Menschen sind allein hier ermordet worden, 47 insgesamt in Pantasma.

Ich mache mich auf den Weg zur Schule, um die Überlebenden zu besuchen. Am liebsten hätte ich mich davor gedrückt, denn was kann ich in so einer Situation den Menschen eigentlich noch sagen?

Neben dem Schulhaus ist unter einem Strohdach eine provisorische Küche entstanden. Dort treffe ich einige Frauen und viele Kinder, die alle so sehr beschäftigt sind, dass sie mich zunächst kaum wahrnehmen. Am Herd erkenne ich Doña Maura. Ich sehe ihre Trauerkleidung und ihr ausdrucksloses Gesicht und weiß, dass auch Don Chente, ihr Mann, bei dem Überfall ums Leben gekommen ist.

Mich verlässt der Mut, Don Chente tot, Chepito tot, Nora mit ihren Kindern verbrannt. In diesem Augenblick kann und will ich nichts mehr hören.

02:50
Die Mohnzöpfe werden vorgeformt.

Brezeln für Loma Linda

Eine relativ einfache Übung war die Sache mit den Brezeln für Loma Linda. Ein Freund, der als Fernmeldehandwerker für einige Jahre in Managua, der Hauptstadt Nicaraguas, lebte, hatte sich die Idee in den Kopf gesetzt, alle seine Nachbarn im *barrio*[l] Loma Linda am Weihnachtstag 1985 mit frischgebackenen Brezeln zu bewirten. Man hat schließlich nicht dauernd einen schwäbischen Bäcker zu Gast in Loma Linda.

Weizenmehl konnten wir auf dem großen Markt im Stadtzentrum beschaffen, auch Butterschmalz war kein Problem. Trockenhefe fanden wir in einem Laden, der viele *internacionalistas*[m] zu seinen Kunden zählte. Schwierig wurde es mit der Brezellauge. Das fing schon damit an, die korrekte spanische Übersetzung für Natronlauge zu finden. Dann das Gesicht des Apothekers, bei dem wir dieselbe kaufen wollten. Unglücklicherweise hatten wir ihm erzählt, was wir damit vorhatten. Das sei ein hochgefährlicher Stoff, daraus dürften wir keine Lebensmittel herstellen! Der Mann schien sich große Sorgen zu machen. Nach langem Verhandeln erklärte er schließlich, er habe gar keine Natronlauge vorrätig. Am Ende konnte uns eine Bekannte, die beim Gesundheitsministerium arbeitete, mit Laugengranulat aushelfen.

Die Familie im Nebenhaus besaß einen blitzend neuen chinesischen Gasherd mit Backofen. Als wir es dann auch noch geschafft hatten, am zweiten Feiertag eine volle Gasflasche aufzutreiben, war das Brezelbacken ein Kinderspiel.

---

l *Viertel*

m *So wurden in Nicaragua zu der Zeit alle Aufbau- und Erntehelfer bezeichnet, die – so wie ich – aus der ganzen Welt kamen, um als internationale Arbeiterbrigade den nicaraguanischen Reform-Prozess zu unterstützen.*

BREZELN

In Managua hatten wir nicht alle gewohnten Zutaten zur Verfügung, wir mussten improvisieren. Aber Grundlage der Improvisation war genau jenes Rezept, nach dem wir in der Bäckerei Weber zu Zeiten meines Vaters Brezeln gebacken haben. Und Weber-Brezeln waren in den 1970ern eine feste Größe in Winnenden.

Dieses Rezept wird an dieser Stelle erstmals veröffentlicht. Die zwei Faktoren, die das Besondere ausmachen: Ein Viertel der Schüttflüssigkeit ist Sauermilch und ein Sechstel des Gesamtteigs ein Vorteig, den wir »alten Teig« nannten, weil darin oft genug der Brezel- und Brötchenteig vom Vortag mitverarbeitet wurde. Heute spricht man vom »Hefestück« oder – eindrucksvoller – von »Biga«.

Original Weber-Brezeln wurden immer von Hand eingeschossen, fünf und fünf hintereinander weg. Und sie wurden direkt auf der Steinfläche des Ofens gebacken, kein Blech drunter, kein Papier. Vielleicht machte auch das den Unterschied.

Als Fett verwendeten wir damals in der Regel einfache Backmargarine, dazu einen Anteil Schweineschmalz. Das habe ich, meinem heutigen Geschmack entsprechend, durch Butter ersetzt.

Vorbereitung: ca. 5 Minuten + 12–14 Stunden Teigruhe
Zubereitung: ca. 15 Minuten + 30–40 Minuten Teigruhe
Backzeit: ca. 10 Minuten · ***Backtemperatur:*** 260 °C

Zutaten

Vorteig (Biga)

100 g Weizenmehl, Type 550 · 60 ml Wasser, gekühlt
1 kirschkerngroßes Stück Frischhefe (ca. 4 g)

Hauptteig

560 g Weizenmehl, Type 550 · 28 g Hefe · 13 g Salz · 25 g Butter
10 g Backmalz · 100 ml Sauermilch
200 ml Wasser, ca. 18 °C warm (nach Bedarf noch
bis zu 50 ml während des Knetens dazugeben)

Zum Eintauchen

3,5%-ige Natronlauge (35 g Natrongranulat auf 1 l Wasser)

- Am Vorabend bereite ich von Hand aus Mehl, Wasser und Hefe einen Vorteig zu und lasse ihn abgedeckt bei ungefähr 20 °C Raumtemperatur stehen.
- Am Backtag gebe ich den Vorteig zu den restlichen Zutaten und bereite einen relativ festen Teig zu, den ich sehr intensiv knete. Dass er fertig ist, erkennt man an den Quietsch- oder Furzgeräuschen aus dem Knetkessel und einer wieder leicht feucht werdenden Teigoberfläche. Das sind die ersten Anzeichen einer Überknetung. Von Hand dauert das je nach Übung 15 Minuten, im Hubkneter etwa zehn Minuten.
- Diesen Teig lasse ich zunächst zwanzig Minuten ruhen, teile ihn dann in zwanzig gleiche Stücke, die ich zu Brezeln oder auch Laugenzöpfchen, -hörnchen oder -knoten forme. Auf einem Tuch[n] dürfen die Teiglinge zunächst an einem warmen Platz abgedeckt reifen. Sobald sich das Volumen deutlich vergrößert hat (nach 30–40 Minuten), decke ich sie auf und stelle sie an einen Platz mit Zugluft. Sie sollen eine Haut bilden und steif werden.
- Wenn das geschehen ist, tauche ich sie mit Hilfe eines Schaumlöffels o. ä. in Natronlauge, setze sie auf ein gefettetes Backblech, schneide sie an der dicken Seite mit einem scharfen Messer auf der Oberfläche ein und backe sie flott in einem gut vorgeheizten Ofen bei ca. 260 °C.
- Die ideale Backzeit, damit die Brezeln eine knusprige Kruste haben und im Inneren schön weich und saftig sind, sind zehn Minuten. Entscheidend ist aber, dass die Krustenfarbe ein kräftiges Dunkelbraun ist. Wenn mein Ofen dafür ein paar Minuten länger braucht, macht es nichts. Dann muss man das Laugengebäck aber besser noch am selben Tag essen, weil es dann schneller trocken wird.

---

n *siehe Seite 42*

03:10
Rollen des Zopfteigs zu Strängen.

Kringel in Istanbul

Eine Woche Winterferien in der Türkei im Jahr 2011, unser erster Spaziergang in Istanbul, gleich am Morgen nach der Ankunft: In einer Seitenstraße schiebt sich vor unseren Füßen ein hölzerner Stab aus einer kleinen Kellerluke quer über den Gehweg, wackelt ein bisschen rum und verschwindet wieder dort, wo er hergekommen ist. Sekunden später wird der Stock schon wieder herausgestoßen und zurückgezogen. Er bewegt sich in einer schmalen Rinne, die eigens dafür ins Pflaster des Gehwegs eingelassen ist.

Fast wären wir schulterzuckend weitergegangen, aber etwas an der Bewegung dieses hölzernen Stiels kam mir so seltsam vertraut vor – und schon hatte ich auch einen Duft in der Nase, der die Bewegung zu begleiten schien. Ich musste mich auf die Knie niederlassen, um, begleitet von den entsetzten Rufen der Familie, durch das Kellerfensterchen zu schauen.

Tatsächlich, eine Backstube! In einem niedrigen, hell gefliesten Kellerraum stand ein schmächtiger Mann mit weiß gepudertem Schnauzbart, der hatte Hunderte von noch teigigen Sesamkringeln auf Brettern und Tüchern um sich herum liegen und ebenso viele in frisch gebackenem Zustand in offenen Kunststoffkörben stehen. Ein Kollege. Mit schnellen, routinierten Bewegungen legte er jeweils sieben oder acht Teiglinge auf das hölzerne Blatt eines schmalen Holzschießers und schob sie hinein in die Tiefe eines gemauerten Ofens. Und weil das Schießerblatt, auf dem so viele handgroße Kringel hintereinander Platz fanden, schon so lang war, wie zwei Männerarme und der Stiel des Schießers sicher noch einmal drei Meter maß, um damit jede Ecke des Ofens zu erreichen, war das unterirdische Backstübchen einfach zu kurz. Deshalb musste der Bäcker beim Herausziehen des Schießers jedes Mal das Fensterchen hinter sich mit dem Stiel genau treffen, und jeder draußen vorüber Gehende konnte sehen: Da unten wird im Moment eingeschossen oder ausgebacken.

Natürlich wurden wir hereingebeten. Selbstverständlich fragte man uns, wo wir herkämen. Ich konnte mir nicht verkneifen, in fließendem Touristen-Türkisch zu erklären, dass ich – in Almanya – das

Gleiche – the same, you know, Gebärdensprache für Brot, baking, panadería, Pantomime für Kneten – pattabum, pattabum –, der Sesam duftet aber wunderbar und so weiter.

Man konnte sehen, dass der Mann eigentlich gar keine Zeit für solche Fachgespräche hatte, immer wieder wanderte sein Blick zu dem Gebäck im Ofen. Aber natürlich packte er uns erst noch eine Tüte heißer Kringel ein. Wir bedankten uns sehr herzlich und schon standen wir wieder draußen auf dem Gehweg.

SESAMKRINGEL

Natürlich kenne ich das Rezept des Kollegen aus Istanbul für Simit nicht. Sie schienen mir ohne viel Schnickschnack aus einem direkt geführten Teig hergestellt zu sein und von ihrer ofenwarmen Frische und Knusprigkeit zu leben.

Wenn ich Simit backe, baue ich noch ein Mehlkochstück ein, um dem Gebäck mehr Feuchtigkeit und damit eine länger anhaltende Frische zu geben. Ich gebe zu, ein Mehlkochstück erscheint bei einer so kleinen Teigmenge etwas albern, weil eventuell mehr im Töpfchen hängen bleibt, als im Teig landet. Nur als Anregung: Man könnte auch die dreifache Menge des Kochstücks herstellen. Es lässt sich recht gut einige Tage im Kühlschrank aufbewahren und dann an einem weiteren Backtag als Frischhaltehilfe in einem Teig für Hefezopf, Brötchen oder Baguette verarbeiten – das wäre auch für diese immer ein Zugewinn.

Der Traubensirup im Benetzungswasser ist eine türkische Spezialität. Wenn ich keinen zur Hand habe, süße ich das Wasser einfach mit zwei Esslöffeln Zucker; das geht für den deutschen Gaumen auch durch …

Vorbereitung: ca. 5 Minuten + 30 Minuten Abkühlzeit
Zubereitung: ca. 45 Minuten + 2 Stunden Teigruhe
Backzeit: ca. 14 Minuten
Backtemperatur: 230 °C

Zutaten

Kochstück

15 g Weizenmehl, Type 550 · 75 ml Wasser

Hauptteig

485 g Weizenmehl, Type 550 · 12 g Frischhefe
1 knapp geh. TL Salz (8 g) · 1 geh. TL Zucker (8 g)
60 ml geschmacksneutrales Öl wie z. B. Distel- oder Rapsöl
150 ml Milch, lauwarm
140 ml Wasser, lauwarm, bei Bedarf zum Kneten
etwas mehr dazugeben

Weitere Zutaten

6 EL türkischer Traubensirup (Pekmez) · 100 ml Wasser
ca. 480 g Sesamsaat, nach Geschmack geschält oder ungeschält
1 EL Schwarzkümmel · 1 EL Öl

- Für das Kochstück erhitze ich Mehl und Wasser unter ständigem Rühren zu einer Art Pudding – und zwar so rechtzeitig, dass er vor dem Teigmachen noch Zeit zum Abkühlen hat.
- Aus den Zutaten des Hauptteigs knete ich zusammen mit dem Kochstück einen mittelfesten Teig. Nach einer halben Stunde Teigruhe (abgedeckt und an einem warmen Ort) teile ich ihn in zehn bis zwölf gleichgroße Stücke, die ich von Hand rundschleife.[o] Dann setze ich die Teigkugeln auf ein großes bemehltes Tuch, mit dem ich sie auch abdecken kann. So lasse ich sie warm und vor Zugluft geschützt etwa eine Stunde ruhen.

---

o *siehe Seite 42*

¶ Nach der weiteren Ruhezeit nehme ich jeweils einen Teigling in die Hand und steche mit dem Zeigefinger ein Loch in die Mitte. Den Rundling lasse ich so lange um meinen Finger kreisen, bis der Kringel die gewünschte Größe erreicht. (Ich könnte den Teig auch zu einem 20 cm langen Strang ausrollen und die Enden zu einem Kringel zusammenfügen, aber so macht es einfach mehr Spaß!) Die Kringel decke ich wieder auf dem bemehlten Tuch zum weiteren Reifen ab.

¶ Inzwischen bereite ich das Bad zum Benetzen vor: Den Sirup oder Zucker löse ich in warmem Wasser auf. Ein gefaltetes Geschirrtuch lege ich in eine flache Schale und begieße es mit dieser Flüssigkeit, bis es schön nass ist. Den Sesam vermische ich mit dem Schwarzkümmel in einer ausreichend weiten Schale, in der ein Kringel gut Platz hat.

¶ Wenn sich die Teiglinge ziemlich reif anfühlen, so etwa nach einer weiteren halben Stunde, befeuchte ich sie von oben und unten, indem ich sie auf dem Tuch wende. Danach wälze ich sie in der Sesam-Mischung und backe sie auf einem mit Öl gefetteten Blech im vorgeheizten Ofen flott in 14 Minuten.

¶ Die Kringel können frisch gegessen werden, man kann sie ähnlich wie Bagels mit Süßem oder Herzhaftem belegen, auch aufgebacken am nächsten Tag sind sie noch ein Genuss. Und schließlich taugen sie, zu Chips geschnitten und im Ofen getrocknet, auch als Dauergebäck oder Suppeneinlage.

Nachtübung

Das kann Dir nur in der Loretto-Backstube passieren: Freitags früh um zwei Uhr höre ich Geräusche an der hinteren Tür. Ich gehe nachschauen und höre von draußen eine Stimme: »Nicht erschrecken!« – »Sie brauchen keine Angst zu haben.«, fügt eine andere Stimme hinzu.

Warum sollte ich denn Angst haben? Ich öffne das Fliegengitter, schon blicken mich zwei grellweiße Augenpaare aus zwei rußgeschwärzten Gesichtern unter Stahlhelmen an. Soldaten in voller Kampfmontur stehen vor mir. Tarnanzüge erkenne ich, Gürtel, an denen Taschen, Beutel, Werkzeuge baumeln, Sturmgewehre hinter dem Rücken, schlammüberzogene Stiefel, abgeschirmte Lampen.

»Haben Sie was zu essen für uns?«

Sie seien auf einem Orientierungsmarsch, erzählen sie, 72 Stunden, 180 Kilometer. Mit Karten und Kompass durchs Gelände, ohne Straßen zu benützen. Zu trinken hatten sie mehr als genug bei dem Sauwetter, aber seit gestern morgen hätten sie nichts gegessen.

»Ja, nein.«, sage ich. Schwierige Sache: »Ich habe noch gar nichts fertig, das erste Brot ist gerade im Ofen.«

»Irgendetwas zum Beißen wird doch da sein, vielleicht von gestern.«

»Ja, so, ja, freilich, da ist schon noch was.« Und ich reiche jedem ein halbes Mischbrot, das schon zum Trocknen aufgeschnitten auf dem Gestell lag. Mit den Händen reißen die Beiden Brocken von den Brotlaiben herunter und beginnen zu kauen.

Schon müssen sie weiter, die Dunkelheit zum Marschieren ausnützen. Wie sie mich überhaupt gefunden hätten, will ich noch wissen. »Ha, das war leicht. Der ganze Wald hier herum riecht nach frischem Brot. Wir mussten nur der Nase folgen, bis wir die hellen Fenster gesehen haben.«

KOMMISSBROT

Zur Geschichte mit den hungrigen Soldaten beim Nachtmarsch fiel mir spontan das Kommissbrot ein. Heute kaum noch im Sprachgebrauch, war dieses Brot noch für unsere Elterngeneration ein fester Begriff für ein dunkles, schweres Roggenmischbrot mit kräftiger Kruste, in langen Laiben oder großen Kastenformen gebacken. Schon der Name erinnert an schwere Zeiten, an hungrige Menschen mit oder ohne Uniform, kurz: an Brot als Grundnahrungsmittel. Und so ein Rezept, das insgesamt etwa vier Kilogramm Brot ergibt, stelle ich hier vor – ein einfaches Rezept, schnörkellos, alltagstauglich, ein Brot, das nur nach Brot schmeckt und von dem man eine Woche lang abschneiden kann.

Wer über einen Sauerteigansatz verfügt und sich über dessen Triebkraft sicher ist, der kann auf die unten angegebene Hefe ganz verzichten. Wer keinen eigenen Sauerteig besitzt, sollte sich für dieses Brot auf jeden Fall einen besorgen (s. Seite 48) dann aber zur Sicherheit die angegebene kleine Hefemenge zusetzen.

Vorbereitung: ca. 5 Minuten + 10 Stunden Teigruhe
Zubereitung: ca. 30 Minuten + 2–2 ½ Stunden Teigruhe
Backzeit: ca. 60 Minuten
Backtemperatur: 270 °C, rasch fallend auf 220 °C

Zutaten

Sauerteig

100 g reifer Sauerteig (Anstellgut), s. S. 48
1 kg mittelgrober Vollkorn-Roggenschrot
1 l Wasser, auf 40 °C erwärmt

Hauptteig

500 g feiner Roggen-Vollkornschrot oder Roggenmehl, Type 1370
1 kg Weizenmehl, Type 812 oder 1050
1,1 l Wasser, auf 30 °C erwärmt, nach Bedarf etwas mehr
50 g Salz · evtl. 15 g Hefe

¶ Etwa dreizehn Stunden vor dem Backen setze ich den Sauerteig an. Er sollte nach dem Anrühren noch mindestens 30 °C haben und abgedeckt an einem Ort stehen, wo er nicht so schnell auskühlt. Nach ungefähr zehn Stunden ist er reif; das erkenne ich daran, dass er sein maximales Volumen erreicht hat und die Oberfläche schon einzusinken beginnt.

¶ Ich entnehme aus der Mitte der Schüssel eine Handvoll Anstellgut für den Backtag der kommenden Woche und bereite mit dem übrigen Sauerteig und allen Zutaten des Hauptteigs einen mittelweichen, gut knetbaren Brotteig. Dem gönne ich nun bei Zimmertemperatur zugedeckt noch eine Stunde für die sogenannte Stockgare. In dieser Zeit sollte er schon deutlich zu treiben beginnen. Ist dies der Fall, so teile ich den Teig in vier oder mehr gleichgroße Stücke, knete sie zuerst kräftig durch und forme sie dann zu gleichmäßigen, straffen Rollen. Diese setze ich für die Stückgare direkt in Gärkörbchen oder direkt in geölte Metall-Backformen. Nach 60–90 Minuten an einem warmen Ort sollte der abgedeckte Teig den Punkt erreicht haben, den wir Bäcker auch Dreiviertel-Gare nennen. Man erkennt das daran, dass eine mit dem Finger in die Oberfläche gedrückte Delle wieder etwas zurückfedert, aber doch sichtbar bleibt.

¶ Dann ist es Zeit, die Brote in ihren Backformen[p] in den vorgeheizten Ofen zu schieben, durch Verspritzen von Wasser im Ofen für etwas Dampf zu sorgen und dem Brot eine volle Stunde Backzeit zu geben. Bereits nach zehn Minuten den Ofen kurz öffnen und die Temperatur auf 220 °C reduzieren.

---

p Werden die Laibe ohne Form gebacken, diese aus dem Gärkörbchen direkt auf die gut vorgeheizte Backfläche oder einen Backstein setzen.

03:20

Zwischengare des Zopfteigs in Strängen.

Zopfbrot mit Blaulicht

Eine Begebenheit, die wahrscheinlich jeder Bäcker so ähnlich schon erlebt hat: Morgens vor fünf Uhr fährt die Polizei vor, um der Dramatik der Erzählung willen auch schon mal mit Blaulicht. Du räumst gerade noch die Berge von Schwarzgeld weg, die dauernd hier rumliegen, überlegst fieberhaft, was es sonst noch alles zu verdecken und zu verschleiern geben könnte, da stehen schon drei Uniformierte vor Dir in der Backstube.

Und wie aus der Pistole geschossen kommt die Frage: »Mir kommat vo' d'r Nachtschicht. Henn Sia scho Laugawegga ferdich?«[q].

Oder: Der Notarztwagen kommt mit hoher Geschwindigkeit in einer Staubwolke den Hof heraufgefegt, bleibt ruckartig vor dem Backstubenfenster stehen. Eine Sanitäterin schwingt sich eilig vom Trittbrett und rennt auf unsere Tür zu. Ich greife mir ans Herz, an den Kopf, alles noch an Ort und Stelle, auch meine Mitarbeiter wirken munter und wohlauf. Schon steht sie vor mir, das Martinshorn in der Stimme: »I brauch obedengt am Samschdich so a Zopfbrot. Muaß i des vorbschdella?«[r].

---

q Wir kommen von der Nachtschicht. Haben Sie schon Laugenbrötchen?

r Ich benötige für Samstag unbedingt ein Zopfbrot. Muss ich das vorbestellen?

MOHNZÖPFE

Die Mohnzöpfe sind ein Ableger unserer Hefezöpfe. Dieses Rezept ergibt zwei Kilo Teig, was für vier kleinere Zöpfe von knapp fünfhundert Gramm oder einen sehr stattlichen Hefekranz reicht. Und von einem Teil dieses Teiges kann man dann auch Mohnzöpfe herstellen.

Zubereitung: ca. 45 Minuten + 3 Stunden Teigruhe
Backzeit: 20–25 Minuten · ***Backtemperatur:*** 200 °C

Hefeteig
1 kg Weizenmehl, Type 550
30 g Frischhefe · 330 ml Milch · 170 g Zucker · 140 g Butter
2 Eier oder 2 Eigelbe · 1 Prise Salz
¼ Bio-Zitrone, Schalenabrieb · 1 Msp gemahlene Vanille
ca. 200 ml Wasser, warm (die Menge ist variabel, je nach Bedarf)

Füllung
250 ml Milch · 85 g Zucker · 35 g Butter
100 g Mohnsaat zum Backen, möglichst gerissen oder gedämpft
40 g Weizengrieß, mittel oder fein
1 Ei · 50–100 g süße Brösel[s]

Zum Bestreichen
1–2 Eier, verquirlt

s z. B. aus getrockneten Kuchen- oder Zopfstücken, die dann gerieben oder mit dem Nudelholz zerdrückt werden (zur Not gehen auch Zwiebackbrösel)

¶ Zunächst bereite ich einen Teig aus den nebenstehenden Zutaten. Es ist ratsam, Mehl, Zucker, Eier, Milch und Butter schon einige Stunden vorher im warmen Zimmer bereitzustellen, sodass sie mindestens 22 °C haben. Beim Kneten nur so viel Wasser dazugeben, bis ein glatter Teig entsteht, und mindestens 15 Minuten kräftig kneten. Abgedeckt an einem warmen Ort etwa eine Stunde gehen lassen.

¶ Währenddessen koche ich die Mohnfüllung: Dafür bringe ich Milch, Butter und Zucker in einem Topf zum Kochen. Da hinein rühre ich die Mischung aus Mohn und Grieß, lasse das Ganze noch einmal kurz aufkochen und stelle es dann etwa eine halbe Stunde zum Abkühlen auf die Seite.

¶ Wenn die Masse nur noch lauwarm ist, rühre ich ein ganzes Ei darunter. Die Masse ist jetzt fertig, aber meist noch sehr weich. Mit den süßen Bröseln – oder hilfsweise auch Semmelbröseln mit etwas Zimtzucker vermischt – kann ich sie binden und so fest machen, wie ich sie eben verarbeiten möchte. Wie viele Brösel dazu notwendig sind, hängt sehr stark von der Qualität des Mohns, der Körnigkeit des Grießes und auch vom Verwendungszweck der Masse ab. Mit den hier angegebenen Zutaten erhalte ich ca. 600 g Mohnmasse.

¶ Auf Loretto füllen wir damit vier Mohnzöpfe. Dazu wiegen wir vom oben zubereiteten Hefezopfteig vier Stücke à 280 g ab, die wir zunächst unter einem Tuch zum Reifen stellen. Nach etwa einer Stunde rollen wir die Stücke zu Rechtecken von etwa 20 × 30 cm aus. Diese bestreichen wir mit jeweils 150 g der Mohnmasse und rollen sie dann zu 20 cm langen Rollen auf. Die Rollen schneiden wir dann der Länge nach mit einem scharfen Messer in zwei Hälften und verschränken sie so miteinander, dass die schwarz-weiße Schnittfläche möglichst oben zu sehen ist.

¶ Die Mohnzöpfe werden nun auf ein gefettetes Backblech gesetzt und mit Ei bestrichen. Da dürfen sie noch einmal abgedeckt etwa eine Stunde reifen und werden dann ein zweites Mal mit Ei bestrichen. Danach backen wir sie bei etwa 200 °C. In der Regel sind die Zöpfe nach 20–22 Minuten appetitlich braun und gut durchgebacken.

Hildruns Garten

Man muss Hildrun ein einziges Mal in ihrem Garten gesehen haben und man wird sie nie vergessen. Wir hatten dieses große Glück an einem warmen Juniabend des Jahres 2009. Im Rahmen eines Betriebsausflugs ließen wir uns den Bioland-Hof der Familie Mammel in Lauterach zeigen. Wir wollten, dass alle Loretto-Mitarbeiter einmal sehen, wo der Apfelsaft und die Alb-Leisa herkommen, aber auch die Kartoffeln, die gelben Rüben und Zwiebeln, mit denen wir täglich arbeiteten.

Woldemar Mammel führte uns durch Hof und Obstgarten, erzählte auch vom Fund des historischen Alblinsen-Saatguts vor zwei Jahren in Sankt Petersburg. Und wie sie mit der ganzen Leisa-Anbauergruppe ein halbes Pfund Linsen dort abgeholt haben, das ihnen das Wawilow-Institut als Anerkennung ihrer Arbeit schenkte. Wolde erwähnte schließlich, dass die ersten Sprösslinge daraus jetzt auch ins Freiland gesetzt seien und in Hildruns Beeten hinterm Haus ganz gut gedeihen würden. So gingen wir zu guter Letzt in Hildruns Gemüsegarten.

Ein großer, sommerlich praller Hausgarten mit einer unüberschaubaren Zahl und Vielfalt von Beeten, Hügeln, Spalieren und schmalen Pfaden. Mitten drin eine schlanke Frau mit weißen, zum Pferdeschwanz gebundenen Haaren. Mit ruhigen Bewegungen werkelt sie in dem Grün herum, einen Henkelkorb neben sich. Auf unsere Fragen gibt sie freundlich Antwort, ohne selbst Themen anzuschneiden, sie ist ihrer Arbeit zugewandt. Wir fragen nach den verschiedenen Mischkulturen, die wir entdeckt haben, nach allerlei Kürbissorten, die auf Komposthügeln thronen, lassen uns von Hildrun auch die Pflanzversuche mit unterschiedlichen Linsen und ebenfalls unterschiedlichen Stützpflanzen erklären. Ihr Wissen scheint ein ruhiger, tiefer Ozean, aus dem wir mit Henkeltassen schöpfen.

Ich habe selten eine Person erlebt, die so sehr eins mit ihrer Umgebung, so im Reinen mit sich und ihrer Arbeit war. Hildrun und ihr Garten, das hat einfach gepasst. Das ging bis hin zu den Farben ihrer Kleidung und zur Bräune ihres Gesichts zwischen den grünen Ranken: In diesem Garten, das spürten wir, hatten all die ungezählten Kräuter und Stauden und Pflänzchen und Hälmchen ihre sinnvolle Ordnung und die Bäuerin ihren Platz.

Doch bis dahin haben die Mammels einen langen Weg zurückgelegt: Vor über dreißig Jahren begannen Hildrun und Wolde, den Hof mit geringsten Mitteln Schritt für Schritt aufzubauen. Wenige Jahre später stiegen beide aus dem Schuldienst aus, der sie andernfalls sicher und gemütlich bis zur Rente getragen hätte; Physik und Mathe waren Hildruns Fächer gewesen.

Ohne Netz und doppelten Boden haben sie sich auf die Öko-Landwirtschaft eingelassen. Ihre Kartoffeln, ihre gelben Rüben, das Fleisch ihrer Hinterwälder-Rinder wurden über die Jahre zu Tipps, die man an Freunde weitergab in der Region. Drei Söhne haben die beiden großgezogen, während zugleich der Mammel-Hof wuchs und gedieh, und sie haben sich dabei diese absichtslose Menschenfreundlichkeit bewahrt, die als Grundstimmung diesen Ort zu so etwas Besonderem macht. Mit ihrem leidenschaftlichen, völlig unzeitgemäßen Kampf um Qualität und mit unstillbarer Wissbegier haben sie sich einen Ruf erarbeitet, der das Albdörfle Lauterach weit über den Landkreis hinaus bekannt gemacht hat.

Keiner von uns hätte Hildrun an jenem Abend auf 67 Jahre geschätzt. Wir sahen eine Frau auf der Hochebene ihres Lebens. Sie hat noch den ganzen Sommer ihre Arbeit getan, die Ernte ihres Gartens eingebracht. Im Oktober kam ein Tag, an dem sie plötzlich eine große Schwäche spürte, ein paar Tage später war die Diagnose da: Leukämie.

Ihre Familie sagt, die Leute in der Uni-Klinik Ulm hätten alles richtig und alles gut gemacht. Dennoch standen wir vier Wochen später an Hildruns Grab. Es wunderte mich kein bisschen, als der Pfarrer, ein enger Freund der Familie, seine Grabrede damit begann, dass er die Farben von Hildruns Garten im Sommer schilderte.

In memoriam Hildrun Mammel: 1942–2009

LEISA-BROT

Auf Wunsch von Woldemar Mammel und in enger Zusammenarbeit mit ihm und seiner Frau Hildrun habe ich dieses Linsenbrot entwickelt, das mit seinem extrem hohen Gehalt dieser regionalen Hülsenfrüchte den Geschmack der »Alb-Leisa« bei Feldführungen und anderen Aktionen rüberbringt, ohne dass man dafür Kochtöpfe, Teller und Geschirr braucht. Das hier vorgestellte Rezept ergibt etwa vier Brote mit je 800 Gramm Gewicht, die in Kastenformen mit einem Liter Fassungsvermögen gebacken werden.

Der Name des Brotes ist mir aber noch eine kleine Anmerkung wert: »Leisa« ist die oberschwäbische Dialektform zu »Linsen«. Woldemar Mammel beschrieb in seinem Buch »Alb-Leisa« sehr schön und ausführlich, wie dieses Wörtchen auszusprechen sei – nämlich mit einem ganz feinen Nasal, der das verloren gegangene N im Wort Linsen ersetze. Darüber hinaus war es der Wolde, der die »Alb-Leisa« mit Hilfe des in Sankt Petersburg aufbewahrten Original-Saatguts wieder in ihre ursprüngliche Heimat zurückgebracht hat.

Vorbereitung: ca. 30 Minuten + 10 Stunden Zutatenruhe
Zubereitung: ca. 25 Minuten + 90 Minuten Teigruhe
Backzeit: ca. 50 Minuten
Backtemperatur: 280 °C, auf 190 °C fallend backen

Zutaten

Sauerteig

300 g feiner Roggenschrot oder Roggenmehl, Type 1150
270 ml Wasser, erwärmt auf 27 °C
30 g Anstellgut (reifer Sauerteig, s. S. 48)

Zwiebeln

170 g Zwiebeln · ½ EL Salz (10 g)

Linsenkochstück

700 g Alb-Leisa, eine der kleinen Sorten
2–3 Lorbeerblätter
1 ½ l Wasser, so heiß, wie es aus der Leitung kommt

Hauptteig

1 kg Weizenmehl, Type 550 · 1 geh. EL Salz (30 g)
25 g Frischhefe, zerbröselt
1 TL Kreuzkümmel, frisch gemahlen oder gemörsert
2 Wachholderbeeren, frisch gemahlen oder gemörsert
150 ml Wasser, erwärmt auf 20 °C, nur bei Bedarf nach und nach zuzugießen

etwas Roggenmehl, Type 1150, zum Bestreuen
Butter für die Formen

¶ Den Sauerteig setze ich ungefähr zehn Stunden vor dem Backen an. Dafür vermische ich das Anstellgut gleichmäßig mit Mehl und Wasser, decke es ab und lasse es bei Zimmertemperatur reifen.

¶ Auch die Zwiebeln bereite ich so weit im Voraus zu: Dazu schäle und würfle ich sie oder hacke sie klein. Die Zwiebeln vermische ich mit Salz und decke sie ab. Um des lieben Hausfriedens willen stelle ich sie an die Luft und lasse sie dort über Nacht ziehen.

03:45

Zuerst kommt das Weißbrot in den heißen Ofen.

- Das Linsenkochstück stelle ich ungefähr acht Stunden vor der Teigzubereitung her: Die Linsen gebe ich in einen ausreichend großen Topf, gieße das heiße Wasser darüber und lasse sie eine Stunde abgedeckt quellen. Danach koche ich sie so lange, bis die Flüssigkeit nahezu verdampft ist und die Leisa noch etwas körnig sind. Ich lasse sie dann abkühlen und weiterquellen.
- Etwa drei Stunden vor dem Backen knete ich den aufgefrischten Sauerteig, die Zwiebeln mitsamt Flüssigkeit und das Linsenkochstück schonend[t] mit den restlichen Zutaten für den Hauptteig und gebe zunächst nur wenig Wasser dazu – zuhause macht man das mit dem Intervall-Kneten[u] in der Küchenmaschine (oft für Dinkelteige verwendet). Je nach Teigverhalten beim Kneten füge ich noch vorsichtig weiteres Wasser hinzu. Ich decke den Teig ab und lasse ihn 30 Minuten bei Zimmertemperatur ruhen.
- Den Teig teile ich in vier gleiche Stücke, die ich in die gefetteten Kastenformen setze. Ich bestreue sie mit etwas Roggenmehl (oder wälze sie darin), schneide sie kreuzförmig ein und lasse sie bis zur vollen Teigreife[v] abgedeckt stehen.
- Die Brote schieße ich bei 280 °C in den vorgeheizten Ofen ein und backe dann mit fallender Temperatur. In einem normalen Ofen öffnet man dazu nach etwa zehn Minuten den Ofen kurz, um Dampf abzulassen und die Temperatur auf 230 °C zu reduzieren. Nach weiteren zehn Minuten dreht man dann auf 190 °C herunter und bäckt die Brote noch etwa eine halbe Stunde zu Ende.

---

t Dieser Teig hat anteilig relativ wenig Kleber durch das Weizenmehl und darf deshalb nicht durch zu kräftiges Kneten überbelastet werden. Der Kleber dient hier in erster Linie dazu, den Roggen gut mit den Linsen zu verbinden. Wenn man diesen Teig überknetet, verliert er völlig seine Elastizität, denn dann reißt das Klebernetz und Wasser wird freigesetzt.

u Dazu insgesamt drei Mal je eine Minute kneten und dazwischen den Teig drei bis fünf Minuten entspannen lassen.

v Das dauert mindestens eine Stunde, ist aber stark von der Teig- und Raumtemperatur und anderen Komponenten abhängig. Vereinfacht ausgedrückt ist beim Leisa-Brot bei Erreichen der Vollgare das Teigvolumen deutlich vergrößert, die Teigoberfläche ist fest-elastisch und beim Drucktest mit dem Finger bleibt die damit verursachte Delle erhalten (s. a. S. 69).

Schrecksekunde

»Schau doch mal nach, was an der Kellertreppe passiert ist, die Leute sagen, es sei jemand gestürzt.« Eine unserer Ladenhelferinnen hatte den kurzen Satz zu uns in die Backstube gerufen, mittags kurz vor Ladenöffnung, nur die paar Worte, und war auch schon wieder weg.

Ich verfluchte die Störung. Es war Feiertag, die letzten Hefezöpfe buken noch im Ofen, der Laden musste eingeräumt werden, die Bestellungen waren noch nicht in Sicherheit. Und jetzt sollte ich da raus, mich kümmern, mich um Hilfe bemühen, mich entschuldigen, mir Zeit nehmen, die ich gar nicht hatte.

Konnte nicht eine der Frauen ... aber die waren eben alle nicht da. Ich wusch meine Hände, ein paar Sekunden zum Überlegen.

»Schaust Du in sechs, sieben Minuten nach dem Ofen, die Zöpfe werden fertig.« Mein Kollege nickte im Vorbeigehen. »Sechs Minuten, die Zöpfe, oben. Ok.«

»Ja, und wenn ich länger nicht wiederkomme, dann komm raus und sag, ich soll kommen, meine Frau braucht mich oder so etwas.«

»Ok.«

Jetzt also raus, sehen, was eigentlich los ist. Durchs Lager in den Flur, dort ist alles ruhig. Kein Mensch vor den Toilettentüren, die Tür ins Freie halb offen, auch dort niemand zu sehen oder zu hören. Viel zu ruhig für einen sonnigen Tag, zehn Minuten vor Öffnung des Cafés.

Die Kellertür steht offen, auf der Treppe kein Licht. Ich schaue in die Tiefe und weiß sofort, dass der normale Arbeitstag hier zu Ende ist.

Da unten liegt ein Mensch, seltsam hingestreut wie eine gehäkelte Puppe. Diese Sekunde setzt meinen Tagesplan außer Kraft, wischt alle Öffnungszeiten von der Tafel. Ich bin in einem Vakuum jenseits von Zeit und aus großer Höhe höre ich mich sagen: »Du bist der, der jetzt die Verantwortung hat. Du musst dafür sorgen, dass ganz schnell ein Rettungswagen gerufen wird. Und dann gehst du da hinunter und schaust, was du tun kannst.«

So weit meine Erinnerung über jenen jäh unterbrochenen Backtag, es war der Pfingstmontag 2008, der sich in mein Gedächtnis gebrannt hat wie kein anderer. Als ich das Erlebnis Jahre später aufschrieb, galt mein Interesse nur jener Schrecksekunde, die einen gewöhnlichen Tag in einen völlig anderen, unvergesslichen Tag wandelt. Deshalb endet der Text an jener Stelle, an der die Lähmung nachlässt und praktischem Handeln weicht.

Natürlich ging die Geschichte im richtigen Leben weiter: Ich stieg die Treppe hinab, begriff sehr schnell, dass es besser war, die leblos daliegende Person, eine ältere Frau, nicht zu bewegen. Wir alarmierten den Rettungsdienst. Eine zufällig anwesende Krankenschwester stellte fest, dass die Frau lebte und kümmerte sich um sie, bis innerhalb weniger Minuten ein Rettungshubschrauber landete. Das Unfallopfer, ich nenne sie hier einmal Frau Schmied, wurde von zwei Sanitätern rasch aus dem schwer zugänglichen Keller geborgen und in die Klinik nach Ulm gebracht. Man stellte einen Schädelbasisbruch und mehrere andere Knochenbrüche fest. Frau Schmied wurde über viele Wochen in Ulm gepflegt und kam schließlich geheilt wieder nach Hause.

Ihre Angehörigen, in deren Begleitung sie bei uns war, erzählten uns später, man habe sich gemeinsam angestellt, um auf die Öffnung unseres Hofladens zu warten, als Frau Schmied noch kurz zur Toilette gehen wollte. Sie sei in der letzten Zeit zunehmend »schusselig« und auch sehr ungeduldig gewesen. So rekonstruierten wir, dass sie wohl die Toilettentür mit unserer Kellertür verwechselt hatte und ohne hinzusehen durch die Tür getreten ist, hinter der direkt die steile Treppe nach unten führt. Nach ihren Verletzungen und den Spuren zu schließen, muss sie sich bei ihrem Sturz mindestens einmal komplett überschlagen haben, bevor sie dann, eingekeilt zwischen dem Fuß der Treppe und der Kellerwand liegenblieb.

Wir konnten uns selbst von einer Mitschuld nicht freisprechen, weil an der Tür wie an jedem Tag der Schlüssel gesteckt hatte. Ob die Tür wie gewöhnlich abgeschlossen war oder ob wir das gar vergessen hatten, lässt sich nicht mehr klären, aber natürlich war es unser Feh-

04:00

Das Weißbrot ist gebacken.

ler, den Schlüssel überhaupt stecken zu lassen, wenn Gäste im Haus sind. Selbstverständlich wird der Schlüssel seit jenem Tag sicher verwahrt. Und genauso selbstverständlich gehen wir, alle Familienmitglieder, seit jenem Tag nicht mehr die Kellertreppe hinunter, ohne an den Unfall zurückzudenken, immer mit einem Frösteln, einem Unbehagen, einer diffusen Angst im Genick.

Einige Monate nach dem Vorfall wurden wir vor Gericht mit dem Vorwurf der fahrlässigen Körperverletzung konfrontiert, dem wir uns – wie erwähnt –, auch selbst nicht ganz verschließen konnten. Frau Schmied war bei der Verhandlung anwesend, äußerlich ganz wieder hergestellt. Ihre Schussligkeit hatte sich mittlerweile zu einer offensichtlichen Demenz entwickelt. Das Unfallopfer hatte keinerlei Erinnerung an den Unglückstag, erheiterte aber alle Anwesenden, indem sie den Richter bei der Vernehmung munter in Plaudereien über Gott und die Welt verwickelte. Wir gingen später nach Hause und bezahlten gerne an eine wohltätige Einrichtung den Betrag, den das Gericht uns zur Auflage gemacht hatte, damit das Verfahren eingestellt wurde.

Etz bachet!

»Das wird nicht einfach werden!« Die Erkenntnis kam mir fast so schnell, wie das Licht uns verlassen hatte. Stromausfall ist, wenn er länger anhält, immer unangenehm. Für meinen Kollegen Moritz und mich war er an diesem Backtagmorgen der maximale Stresstest zum denkbar schlechtesten Zeitpunkt.

Dabei hatte ich die Geschichte eines früheren Stromausfalls schon öfter genüsslich Besuchern meiner Backstube erzählt, wenn ich ihnen die Vorzüge unseres stromunabhängigen Holzbackofens verdeutlichen wollte: Thaddäus Troll hat die folgende Anekdote überliefert, sie spielt im Ratssaal einer Landgemeinde irgendwo um Rottenburg herum und Troll will zeigen, wie das Schwäbische, der Dialekt der Maulfaulen, in der Lage ist, mit nur zwei Worten eine komplexe Situation zu analysieren und dazu klar und abschließend Stellung zu beziehen. Noch einmal: Mit zwei Worten, genauer gesagt mit drei Silben!

Troll berichtet, wie der Rat des Ortes vor einer Handvoll Zuschauer debattiert, ob es sich lohne, den alten Holzbackofen im Gemeindebackhaus mit einigem Aufwand richten und reparieren zu lassen, wie es wohl in jeder Generation einmal nötig wird, oder ob es nicht sinnvoller sei, das Backhäusle gleich mit einem modernen Elektro-Ofen auszustatten und es damit gewissermaßen ins 20. Jahrhundert zu führen.

Räte wie Zuschauer sind gespalten in zwei Lager, zwischen Bewahrern und Erneuerern des Backhauses wird erbittert gerungen, als mitten in der Debatte der Strom ausfällt und den Saal in völliger Dunkelheit lässt. Und als am Ratstisch wie auf den Zuschauerbänken noch verblüfftes Schweigen herrscht, Stuhlfüße leise scharren, Hände nach den ausgebreiteten Sitzungsvorlagen tasten und alle auf das sicherlich kurz bevorstehende Ende der Störung warten, erhebt sich von der hinteren Bank eine gebückte, schmalschultrige Person, an der Stimme leicht als die alte Schneider-Kätter erkennbar, sobald sie ihren Mund aufmacht, die laut und klar und mit unverhohlener Genugtuung in den dunklen Saal ruft: »Etz bachet!«[w]

Diese kleine Geschichte hatte ich sofort im Kopf und dazu die Einsicht, dass das auch mit dem Holzofen nicht so einfach werden würde, als an jenem Freitagmorgen um halb drei bei uns tatsächlich die Lichter ausgingen. Dass es für 50 Minuten dunkel bleiben würde, wussten wir in diesem Moment natürlich nicht, aber es war immerhin zu befürchten, dass zu einer solchen Nachtstunde nicht mit einer minutenschnellen Behebung zu rechnen war.

Ein Stromausfall nachts um halb drei ist für die meisten Menschen wahrscheinlich ein Nichtereignis, von dem sie erst am übernächsten Tag aus der Zeitung erfahren (so dass sie sich dann eventuell zusammenreimen können, wieso der Anrufbeantworter und die Steuerung der Heizung plötzlich die falsche Zeit anzeigen). Für uns beide in unserer Backstube schrillten sofort und ohne Strom sämtliche Alarmglocken.

Wir hatten schon drei Stunden lang Teige hergestellt, verwogen, geformt, der Ofen war gerade maximal aufgeheizt, es musste nur noch die Asche ausgeräumt und die Backfläche im Ofenraum saubergemacht werden, dann konnten die fünfhundert Wecken, die achtzig Weißbrote im Zehnminutentakt eingeschoben und in der flotten Anfangshitze knusprig herausgebacken werden. Danach, wenn sich die Temperatur gemäßigt, die fauchenden Dampfschwaden etwas beruhigt hätten, wäre es dann Zeit, die Bleche voll Seelen und Croissants in den Ofen zu setzten, am Ende dann in aller Ruhe Hefe- und Plunderteilchen in der abklingenden Wärme goldbraun zu backen und anschließend alles, noch heiß und dampfend, in Kisten und Körbe zu verpacken, damit unsere Tagesproduktion spätestens in zwei Stunden, in einer Wolke von Duft und Stubenwärme, die den Lieferwagen füllen würde, unterwegs zum Tübinger Wochenmarkt wäre. Hätte … wäre … sollte eigentlich, der Ofen brauchte ja keinen Strom. Aber wie sollte das alles gehen, in völliger Dunkelheit?

---

w *Und jetzt backt mal!*

04:20

Portionieren des Brötchenteigs.

Wir standen vor dem Backofen und starrten ratlos in die leise zu Ende glimmende Glut. Wir bewegten uns vorsichtig mit ausgestreckten Armen, tastenden Fingern, denn rings um uns verteilt standen die Regale und Wagen mit den reifen Teiglingen, die jetzt keinen Aufschub mehr duldeten und ein Warten auf die ungewisse Wiederkehr des Lichts nicht zuließen.

Wenn die Lage unübersichtlich ist, soviel habe ich in meinem Beruf gelernt, dann macht man am besten den nächsten Schritt in aller Ruhe und denkt erst dann an den übernächsten. Die Glut im Ofen gab so viel Helligkeit ab, dass ich sie gut mit meiner eisernen Kruke ausräumen konnte. Moritz hatte inzwischen ein paar Teelichter besorgt, sodass wir zumindest nicht mehr gegen Ecken und Hindernisse rannten. Als ich danach mit dem Hudelwisch[x] die restliche Asche aus dem Ofen wischte, hatte er eine kleine Taschenlampe aufgetrieben und leuchtete mir.

Aber danach? Jetzt mussten schwere Bleche mit Mohn- und Sesamwecken in den Ofen, die dann nach sechs Minuten schnell und präzise wieder herausgeholt werden mussten, wenn sie vielleicht 350 °C heiß sein und auch die leichteste Hautberührung mit einer schmerzhaften Blase quittieren würden. Danach mussten wir genauso schnell die Seelen mit den Händen formen, die Weißbrote mit einer Rasierklinge schneiden und einschießen. Das heißt, jeder von uns brauchte dringend zwei freie Hände, und wir mussten sehen können, was im Ofen los war. Teelichte und Kerzen halfen da nicht, sie wären in Minuten weggeschmolzen. Die ersten vier Bleche schoss ich mit der Taschenlampe im Mund ein, das war schmerzhaft und sinnlos, ich sah im tanzenden Lichtschein alles Mögliche, aber nicht, wo die Brötchen verbrannten.

»Drei Hände müsste man haben.«, murmelte ich vor mich hin. »Oder eine Stirnlampe.«, kam es von Moritz zurück. Da endlich fiel bei mir der Groschen. Natürlich, unsere Töchter gingen abends im-

---

x Eine Art Wischmopp zum Backen von Brot im Holzbackofen, der feucht gemacht wird und nicht nur zur Reinigung, sondern auch zur Regulation der Ofentemperatur dient.

04:30

Beide Öfen sind jetzt bereit zum Einschießen.

mer mal mit Stirnlampen zum Joggen! Drüben im Schrank, wo die Laufschuhe aufbewahrt sind, die bunten Klamotten und die Schlittschuhe, da hatte ich zwei Lampen gesehen.

Ich fand sie auf Anhieb, sie funktionierten und retteten uns die Nacht. Ich meine, seit dieser Nacht zu wissen, wie ein Bergmann seine Arbeit tut oder ein Höhlenforscher. Ich zog fast im gewohnten Rhythmus Blech um Blech aus dem Ofen, der Lichtkegel folgte jeder Kopfbewegung so genau, dass ich kaum etwas vermisste. Moritz begann, als sein Ofenjob getan war, wie immer damit, das fertige Backwerk für Lieferungen und Markt einzupacken, alles im tanzenden warmen Lichtschein seines kleinen Kopflämpchens.

Wir bekamen Spaß an der Sache: waren zwischendurch Wichtelmänner, die sieben Zwerge im tiefen Stollen oder die Tresorknacker in finsterer Nacht. Und als dann kurz vor halb vier das Licht wieder anging, da waren gerade die letzten Schneckennudeln im Ofen und wir hatten kaum eine Viertelstunde verloren.

Wem die Nacht gehört

Ein Arbeitsplatz am Waldrand, Arbeitszeiten, zu denen der Rest der Welt zu ruhen scheint: das bringt auch besondere Erlebnisse, überraschende Begegnungen, Probleme der ungewöhnlichen Art mit sich. Ein paar davon sollen hier einmal erzählt werden.

Da sind die Geräusche der Nacht, die man oft nur zufällig und nach Jahren sicher zuordnen kann: Das nächtliche Bellen als die Brunft der Rehböcke, das Husten über den Dächern als Generationskonflikt der Siebenschläfer, die Sekunden-Einsätze einer Kreissäge hinterm Holzschuppen als die Rufe eines Marderbabys, das sich so die Katzen vom Leib hält, bis seine Mutter es wieder ins Nest trägt.

Oder die Sorge um ein kleinfingerlanges Bergmolchweibchen, das ein Frühjahr lang fast jede Nacht gegen drei an der hinteren Backstubentür erscheint, sich auf unserem Laufweg in höchste Gefahr bringt zertreten zu werden, wie oft ich es auch nehme und ins Gras hinübertrage. Angelockt oder fasziniert von was? Vom Backstubenduft? Von dem warmen Luftstrom, den es hier spürte? Von winzigen Insekten, die der schwache Lichtschein angelockt haben mag?

Und dann die Sache mit den Streuselküchle in jener Sommernacht. Es gibt einfach solche Nächte, badewasserwarm und zugluftfrei, da fühlt sich die Hefe im Teig so richtig pudelwohl. Und dann schafft sie. Treibt und vermehrt sich. Unhaltbar. Dann liegen die reifen, backfertigen Hefezöpfe auf ihren Blechen und schauen dich viel zu früh sehr erwartungsvoll an, aber im Ofen ist noch kein Platz. Ein hübscher kleiner Kühlraum wäre dann geschickt. Haben wir aber nicht.

Als mir das zum ersten Mal passierte, packte ich die ganzen reifen Hefesachen auf einen Sprossenwagen, ein fahrbares Regal, und schob sie hinaus auf den Hof in die leidlich kühle Nachtbrise. Den Zöpfen hat das gut getan, die waren zwanzig Minuten später noch schön stabil und perfekt zum Backen. Nur die dreißig Streuselküchle vom untersten Blech, die waren verschwunden. Fast spurlos, ein paar Teigfetzen fanden sich noch unter den Tannen am Waldrand.

Wir hatten zuerst den Fuchs im Verdacht, aber dann bekamen alle unsere Katzen am anderen Tag dieses scheußliche Aufstoßen …

An der Kreuzung

An der Kreuzung zweier Landstraßen im Nirgendwo der Mittleren Alb, zwischen kahlen, ausgewaschenen Maisäckern und dem struppigen Braungrau einer verwahrlosten Pferdeweide steht eine Bushaltestelle, ein Wartehäuschen, in dem ich noch nie einen Wartenden sah. Ich fahre gelegentlich mit dem Auto dort vorbei, wenn ich in einem der Albdörfer zu tun habe, könnte aber den Ort gar nicht präzise bezeichnen, nicht ohne weiteres ein Kreuz auf eine Landkarte malen. Ich weiß nicht sicher, wohin die Sträßchen als nächstes führen, die sich dort kreuzen, geschweige denn, welche Buslinien diese Haltestelle anfahren, falls sie überhaupt noch genutzt wird.

Dennoch ist dieses Häuschen eine Art Orientierungspunkt auf meiner inneren Landkarte geworden. Sobald eine Fahrt in jene Gegend, die Kuppenalb östlich von Trochtelfingen, in Betracht kommt, ersteht der schäbige kleine Bau mit seinem in verschossenem Meerblau lackierten Metallgerippe und den fast blinden Kunststoffscheiben in meiner Vorstellung.

Es gibt dort eine kleine Plakatfläche, auf der in zentimeterdicken Lagen der Veranstaltungskalender der Umgebung aus Jahrzehnten darauf harrt, einmal von Archäologenhand in feinen Schichten abgeschält zu werden. Darunter hängt ein Papierkorb, immer zu drei Vierteln gefüllt und niemals überquellend, denn alles, was zu viel darin wäre, trägt der böige Wind über die Alb davon.

Ich habe einmal zwei Wanderer dort sitzen sehen, die den Windschutz an einem ungemütlichen Tag genossen und ich habe selbst einmal eine Viertelstunde dort gesessen, als ich für eine Verabredung zu früh unterwegs war und nicht recht wusste, wohin mit mir und der Zeit. Ich erkundete mit den Fingerkuppen die mit Zeichen und Scharten übersäte hölzerne Sitzfläche, fantasierte Namen aus Anfangsbuchstaben, rechnete den Jahreszahlen hinterher, verknüpfte sie mit meinen eigenen Jahren. So wurde das Bushäuschen vor Trochtelfingen für mich ein Platz, an dem sich Zeiten, Wege und Tagträume ineinander verweben.

Uli

Uli hat mir im Frühjahr 2011 nur noch einmal Rhabarber gebracht. Ich spürte, dass irgendetwas los war, als er vor der Tür stand mit dieser Plastiktüte, aus der die dunkelgrünen, lappigen Blätter ragten. Die Stängel waren, wie immer, unregelmäßig gewachsen, vernarbt, etwas angewelkt, viele nur fingerdick, eigentlich noch gar nicht schnittreif. So brachte er mir seit einigen Jahren jeden Sommer drei, vier Mal die Ausbeute seiner etwas verwilderten Stauden. Er wollte gar kein Geld dafür, er wollte einfach, dass die Pflanzen verwertet werden. »Ich kann das doch nicht alles essen und eine Tiefkühltruhe lohnt sich halt nicht für mich alleine.« So in etwa pflegte er das zu erklären.

Aber er freute sich, wenn ich ihm im Tausch für den Rhabarber einen halben Kuchen oder einen Hefezopf einpackte. Ich wusste und auch er wusste, dass er für ein paar Euro gute Verwendung gehabt hätte. Aber für die Früchte seines Gartens nahm er kein Geld, da hatte Uli seinen eigenen Kopf. »Die Stängel wachsen ganz von selber, ich schneide die doch bloß ab. Du bist Bäcker.«, lachte er dann. «Back was draus. Ich bin Musiker, kein Gärtner.«

Dieses Mal war ihm ein Mohnzopf als Tauschobjekt offenbar nicht recht. Er druckste herum. »Ein Brot wäre mir eigentlich lieber.«, brachte er schließlich raus. »Was ist los, Uli? Schmeckt dir mein Mohnzopf nicht mehr?« Ich wusste nicht, ob es gut war, weiter zu bohren. »Du kannst gerne auch ein Brot haben und den Zopf dazu.« »Nein, lass mal. « Mit einem trockenen, warmen Lachen platzte der wahre Grund seiner Zurückhaltung aus ihm heraus: »Ich habe doch 'ne neue Freundin. Ich habe versprochen, dass, wenn wir im Sommer an den Bodensee fahren, fünf Kilo runter sind von meinem Winterspeck.« »Ihr fahrt im Sommer an den See?« »Ja,« entgegnete er und in der Stimme schwang ein bisschen Stolz mit, »wir haben im August zwei Gigs in Bregenz. Gutes Geld, Mann. Und dann bleiben wir dazwischen gleich unten und machen uns ein paar ruhige Tage dort. Obwohl,« und Uli schmunzelte, »obwohl im August eigentlich daheim meine Tomaten reif sind.«

»Mensch, Uli, Tomaten … Ist doch klasse, dass es mit deiner Musik vorwärts geht!« »Ach, ich weiß nicht, ein Jahr ist so, das andere ist so. Aber im Moment sieht's mal ganz gut aus.« »Also dann, Uli, danke für den Rhabarber, hier ist ein Brot. Wenn du wieder was hast, weißt du ja … « »Klar, Bäck, aber nix Süßes. Ein gescheites Brot immer gern.«

Ich sah Uli Züfle danach nur noch ein Mal, als er mit dem Camping-Orchester beim Zwiefalter Vespermarkt aufspielte. Er verbrachte wohl einen guten Sommer. Im Lauf des Oktobers fiel seiner Freundin auf, dass er immer häufiger Gedächtnis-Ausfälle hatte und dass damit etwas überhaupt nicht in Ordnung war.

Die Ärzte in Tübingen fanden schließlich einen Gehirntumor, der nicht mehr zu operieren war. Ende Dezember des Jahres 2011 ist er daran gestorben. Von seinem Freund Wolde, der in dieser letzten Zeit mehr Kontakt mit ihm hatte, hörte ich später, die Umstände von Krankheit, Behandlung und all dem hätten in seiner Erinnerung zunehmend keinen Halt mehr gefunden. Er sei sich sicher, dass Uli ab November seine Situation nicht mehr begriffen habe. »Eins weiß ich,« sagte Wolde, »wenn er es da noch verstanden hätte, dann hätte er gesagt, dass das schon alles ok ist, so wie es ist.«

Anmerkung: *Uli Züfle, geboren in Plochingen, lebte seit vielen Jahren in Hayingen. Stationen seines Musikerlebens waren unter vielen anderen »Guru Guru Groove«, dann auch »Uyan Duyan«. später das »Trio Bagatelli« mit Gofi Heller und Uli Beeg, legendär waren seine Solo-Auftritte als »Heinrich Glatteis« mit seinem Feuer-Saxofon. Und in den letzten Jahren trat er in wechselnden Besetzungen mit dem »Camping-Orchester« auf. Man konnte es unter anderem jedes Jahr beim Vespermarkt in Zwiefalten sehen, manchmal spielten die Musiker auch sonntagnachmittags spontan für die Gäste des Loretto-Hofs. Nach Ulis Tod in der Weihnachtszeit 2011 beschlossen Wolfram Karrer und Michael Stoll, zu zweit als Camping-Orchester weiterzumachen.*

Der Wolde im letzten Absatz ist selbstredend niemand anderer als Woldemar Mammel aus Lauterach – der mit den Alb-Leisa.

04:40

Flechten der Hefezöpfe.

Landschaften

Zwei eichene Astgabeln in der Mitte einer kleinen Hangwiese liegen so ineinander verschlungen, dass sie zwischen sich, wo der Knoten am dichtesten ist, eine schräge, nach hinten abkippende Sitzkuhle bilden. Ein starker senkrechter Aststumpf ragt dahinter in die Höhe und bietet sich als Rückenstütze an, wenn ich mich, schwer von Arbeit und Mittagessen darauf zur Pause niederlasse. Von den glatten runden Hölzern getragen liegen Kopf, Rücken, Hüfte und Beine völlig entspannt, fast schwebend.

Von Sommer zu Sommer zeigen sich in dem Holz tiefere Spuren der Verwitterung, längst haben Wind und Regen die weichen äußeren Schichten weggefegt, Astlöcher führen ins Unergründliche wie kleine Kraterseen. Scharen von Kindern, die die Eichenäste an jedem Wochenende mit ihren sandigen Spielplatzschuhen erklettern und bewohnen, haben das von Sonne und Eis versilberte Holz blank poliert. So glatt ist es, dass man an manchen Stellen meint, durch eine gläserne Oberfläche hineinschauen zu können zwischen die Jahresringe, hineinzublättern in eine penible Chronik von hundert Sommern und hundert Wintern.

Von dem Sitz auf der Eiche geht mein Blick weit hinaus übers oberschwäbische Land und wenn ich mich sattgesehen habe am grünen Mosaik der Wälder und den schwingenden Kammlinien des Vorallgäus, so fallen die Augen auch für Minuten zu. Das innere Auge ist dann unterwegs in anderen Landschaften, während meine Gesichtshaut sich allmählich unter der Mittagssonne spannt.

Fast jeden Mittag ist eine der Hofkatzen zur Stelle und verhindert größeren Schaden, indem sie mich maunzend und schmusend, aber bestimmt darauf hinweist, dass es ein angestammter Katzen-Sonnenplatz ist, den ich da in Anspruch nehme.

04:55

Gibt es noch Nachbestellungen?

Geschehen lassen

Backen heißt wiegen, messen, formen, kontrollieren. Aber Backen heißt auch, die Dinge geschehen lassen, dabei sein, Auge, Ohr und Zeit haben für das, was geschieht.

Für mich ist dies die spannende Seite an meinem Beruf: Dass so vieles ohne unser Zutun abläuft. Dass wir Dinge in Gang setzen, einen Prozess begleiten und bis zum Schluss gespannt sein können, was dabei herauskommen wird. Wir starten die Teigmaschine, halten ein Streichholz in den Ofen und die Reise beginnt.

Das Feuer heizt den Ofen. Währenddessen entsteht aus Mehl und Wasser ein gleichmäßiger Teig, der vom ersten Moment an einatmet, ausatmet, der uns mit seiner Haut und den darunter spielenden Strängen immer wieder zum Berühren, zum Tasten und Greifen einlädt. Der dann, in Laibe geteilt, über Stunden ruht und reift. In seinem Inneren bauen ungezählte Eiweißfäden ein Gerüst, bilden sich Säuren, Düfte, Aromen. Ein reifender Brotlaib ist ein eigener Kontinent, pulsierend, dicht bevölkert, eine Welt im Übergang und ohne Bestand, ein Kosmos, der sich öffnet, seine Substanz umsetzt in Duft, Wärme und Wachstum, Stoffliches in Flüchtiges. Und der sich verströmen und verbrauchen würde, wäre da nicht der Bäcker, der die Gare beobachtet, mit seinen Fingerspitzen erfühlt, was vor sich geht unter der schwellenden Oberfläche, und der den Augenblick erkennt, in dem es Zeit ist, zum Ofen zu gehen.

Reif muss der Teig sein, aber nicht überreif, und die Ofenhitze genau richtig, schon im Absinken, lange nach dem Höhepunkt der Glut. Zwei Linien treffen da aufeinander, aus dem wassergesättigten Teig entsteht auf dem feuerdurchglühten Stein das Neue, Andere: Ein krachender splitternder Laib, dessen Düfte eine Saite unserer Erinnerungen zum Klingen bringen, die wir nicht benennen können, deren Vielfalt an Farben, an prallen, runden Formen, durchrissen vom ungezügelt rauen Aufbruch, uns an jedem Backtag immer wieder überraschen. Und dessen Fülle uns über Tage sättigt und erfreut.

Was der Teig alles kann

Teig muss ruhen, Teig kann gehen,
kann sich um ein Rollholz drehen.
Teig kann laufen, fließen, flüchten,
sich verdoppeln, Hefen züchten,
Teig kann ganz schön Tempo kriegen,
kurze Strecken kann er fliegen.

Teig hat Stand oder hat keinen,
kann verhauten, kann verhocken,
mal zu klebrig, mal sehr trocken.
Teig entspannt sich unter Leinen.

Aber dass man sich nicht täusche:
Teig kann mehr noch, auch Geräusche.
Im Maschinenkessel klatscht er,
quietscht er, furzt er, schmatzt und patscht er,
quasselt, prasselt, raunzt und klagt,
solange ihn der Knetarm plagt.

Teig ist wollig, bockig, triebig,
fühlt sich kurz an, schwitzt, bleibt stehn,
reißt, wirft Blasen, streckt sich, zieht sich.
Kriegt er Wärme, kommt er schön.

Kringel, Stängel, Brezeln, Fladen:
Teig kann tausend Maskeraden.
Geht durch Hitze, Schwaden, Flammen,
bläht sich, bräunt sich, fährt zusammen.
Krustig, duftend, lockend, gut:
Als Brot verlässt der Teig die Glut.

Die Tafel

Heute ist der Tag. Heute soll es sein. Die Vorbereitungen laufen schon seit Monaten, die Tafel liegt in ihrer Kiste auf Samt bereit, der Bronzeguss hat ein kleines Vermögen gekostet. Auch für die Befestigungstechnik musste ich noch einmal richtig Geld hinlegen, man will ja nicht vor laufenden Kameras wie irgendein Heimwerker dastehen, der die Dübel nicht in die Wand bekommt. Eine gute, schallgedämpfte Schlagbohrmaschine musste her und Edelstahldübel zu den vergoldeten Senkkopfschrauben.

Ich bin passend gekleidet, wie ich's mir im Lauf der letzten Wochen überlegt habe: Ein Dreiteiler in Bäcker-Karo, rote Lackschuhe wie der ehemalige Papst sie trug, dazu ein hoher, weißer Zylinder, geschmückt mit vier roten Pfeilen, die an jeder Seite nach unten, also auf den Träger verweisen. Ich hatte hier noch an blinkende Leuchtdioden gedacht, aber meine Berater fanden das übertrieben.

Ich packe den ganzen Kram in unseren Lieferwagen, dazu die Sachen für die Absperrung, und mache mich auf den Weg. Leider hat sich meine liebe Frau doch nicht mehr überzeugen lassen, obwohl es in den letzten Tagen so aussah, als ob sie ihren Widerstand aufgäbe. Ich habe dann auch gleich einen kleinen Text für sie aufgesetzt, danach war sie aber wieder ganz schlecht ansprechbar. Vielleicht war es ihr einfach zu viel zum Auswendiglernen. Naja …

Am Ortseingang der Kreisstadt steht schon das Auto mit den Mädchen bereit, die ich engagiert habe, erfahrene Cheerleader vom Handballverein in Ödenwaldstetten. Wir fahren hintereinander in die Stadt hinein. Am zweiten Kreisverkehr müsste eigentlich der Kamerawagen vom Regionalfernsehen auf uns warten, ist aber noch nicht da. Nun, die werden schon noch kommen, wir können ja die Ankunft am historischen Backhäuschen später nachdrehen.

Am Backhäuschen angekommen, stellen wir die Autos so auf, dass dahinter ein kleiner Umkleideraum entsteht, in dem die Künstlerinnen ihre Tanzkostüme anlegen können. Sie maulen ein wenig, weil der Morgen noch recht frisch ist und es begonnen hat zu schneien. Das hätten sie sich aber wirklich auch früher überlegen können.

Ich schlage Pfähle zwischen die Pflastersteine und ziehe Absperrbänder. Nun ist auch das Fernsehen eingetroffen. Die Reporterin liegt mir nicht, das spüre ich sofort. Wem die Gedenktafel denn gelte, will sie wissen, die wir da heute enthüllen, dabei habe ich ihr das alles schon ganz genau geschrieben. »Wir wollen die Welt aufmerksam machen auf einen der letzten Helden.«, erkläre ich ihr, langsam, mit großer Geduld. »Es geht um den einmaligen, den großartigen Ausnahme-Holzofenbäcker Günther Weber.«

»Ach, was Sie nicht sagen.«, flötet sie und hält sich nun selbst das leuchtend gelbe Riesen-Wichtigtuer-Mikrofon unter die Nase, während ich die Gelegenheit nutze, um die ersten zwei Bohrlöcher anzuzeichnen. »Und was ist so besonders an diesem Bäcker? Kennen Sie ihn persönlich?« Irgendwo tönt eine Sirene. »Natürlich, ich kenne den gut, seit vielen Jahren. Das Besondere an ihm ist das Normale, um hier mal Adorno zu zitieren, oder Bertolt Brecht, keine Ahnung. Wie Tausende seiner Berufskollegen steht er fast jeden Morgen lange vor der Sonne auf und strengt sich mächtig an und schafft und macht, damit Sie und ich am Morgen was Leckeres auf dem ... «, schon wieder die Sirene.

»Wenn Sie mich einen kleinen Moment entschuldigen könnten, ich muss mal eben den Tänzerinnen drüben den Einsatz geben.«

Zwei Lokalreporter sind jetzt eingetroffen. Ich rede und erkläre mit Engelsgeduld. »Das ist ein ganz toller Bursche.«, höre ich mich sagen, dazwischen diese ewige Sirene. »Das Dinkelbrot sollten Sie mal probieren.« Ob mir schon aufgefallen sei, dass ich eine gewisse Ähnlichkeit mit dem Mann auf der Tafel ... diese Sirene macht einen Höllenlärm. »Doch, na klar! Ich habe dafür schließlich Modell gestanden. Und erst der Käsekuchen, Sie machen sich kein Bild ... « Die Sirene dröhnt jetzt durch. Inzwischen ist auch meine Frau auf dem Platz erschienen, auch sie mit einem gelben Mikrofon ausgestattet. Sie rüttelt mich an der Schulter: »Mach doch mal den Wecker aus! Musst Du denn nicht in die Backstube?«

Torb

Er kaut genüsslich, dann beißt er krachend in ein Butterbrot.

»Frisches Brot mit Butter«, sagt er, während Brosamen vom ganzen Tisch zu der Brotscheibe hinfliegen, »etwas Besseres gibt es nicht.«

Er kratzt die Butter vom Brot.

Dann nimmt er ein großes Sägemesser und klebt damit die Scheibe an den dampfenden Brotlaib.

Jetzt schiebt er das Brot in den abgekühlten Ofen, schließt die Tür und beobachtet das Thermometer, das langsam von 200 auf 300 °C ansteigt.

Nach 45 Minuten ist es Zeit, er holt die wabbeligen, weißlichen Teigballen aus dem glühend heißen Ofen und schneidet sie über Kreuz ein.

Er legt die reifen Teiglinge in Gärkörbchen und kontrolliert sehr genau, wie lange es dauert, bis sie auf die halbe Größe geschrumpft sind.

Nun kommen alle Teigballen, zu einer großen Masse vereint, in die Maschine und werden geknetet.

Nach zwanzig Minuten schöpft er Wasser aus dem Maschinenkessel in einen Eimer. Den Eimer stellt er unter den Wasserhahn, der ihn rasch leersaugt.

Er holt mit einer Schaufel auch das Salz heraus und die zerbröckelte Hefe, die er zu einem Würfel formt.

Das Mehl schaufelt er aus der Knetmaschine direkt in zwei Säcke, das Roggenmehl in einen kleineren, das Weizenmehl in einen großen.

Am Nachmittag kommt der Lastwagen, der die Mehlsäcke abholt und zur Mühle bringt.

Die Bauern werden das Getreide später gleichmäßig auf die Felder streuen.

05:05

Einschießen der Hefezöpfe in den unteren Ofen.

Ein Ziegenkäse von elf Tagen

Vorbemerkung

Es ist ein ganz besonderes Verhältnis, das uns mit unserem Essen verbindet. Ein Verhältnis, das enger nicht sein könnte, wenn man der alten Weisheit glaubt, nach der ein Mensch ist, was er isst. Und doch gibt es da auch Staunen und Zweifel, Momente von großer Fremdheit. Wer hätte sich nicht schon, etwa mit einem Tranchiermesser in der Hand, oder Aug' in Aug' mit dem frisch geköpften Frühstücksei die Frage gestellt: »Ist das, was ich esse, wirklich nur das, was ich esse? Sind das nicht auch Schicksale, Erfahrungen, eine unbekannte Welt, die ich da zum Munde führe? Meine Lebensmittel und ich: Was wissen wir denn wirklich von einander?«

Einer von der anderen Seite, ein Ziegenkäse vom Loretto-Hof, hat jetzt sein Schweigen gebrochen.

Lebenserinnerungen

Ich darf mich zunächst vorstellen, ich bin ein Ziegenkäse. Und weil Ziegenkäse nicht gleich Ziegenkäse ist, will ich präzisieren: Ich bin ein Ziegenkäse von elf Tagen. Ich habe Menschen davon sprechen hören, dass es in jedem Leben eine kurze Phase gibt, in der die jeweilige Person am meisten sie selbst ist, so als ob dieser Lebensabschnitt zugleich die Bestimmung und die reinste Essenz dieses besonderen Lebens sei. Alles, was davor liegt, scheint nur auf dieses Alter zugestrebt zu sein, und was danach kommt, ist ein verblassendes, sich verlierendes Erinnern dieser Zeit.

Nur wenige wissen, dass sich das beim Ziegenkäse ganz genau so verhält. Ich bin zum Beispiel ein Ziegenkäse, der zur Welt kam, um am elften Tag gegessen zu werden.

Verschwommen

Über den Tag meiner Entstehung kann ich nicht viel sagen. Es wird wohl auf einem Melkstand alles seinen Anfang genommen haben. Meine Erinnerungen an die Zeit, als wir noch Milch waren, sind äußerst verschwommen. Das erste, worüber ich berichten kann, ist die

Zeit der milchsauren Gärung. Da begannen sich in dem großen Bottich, in dem ich mit allen Brüdern und Schwestern schwamm, unmerklich feste Inseln zu bilden. Wir waren noch alle eins und doch taten sich Rinnen und Klüfte voller Molkewasser zwischen uns auf. Ich begann zu ahnen, dass sich unsere Wege trennen würden.

Ein fahler Mond

Als brutal erlebte ich den zweiten Tag, den Tag der Schöpfung. Das Gesicht der Käserin erschien über dem Schüsselrand wie ein fahler Mond und im nächsten Augenblick bohrte sich eine stählerne Schöpfkelle zwischen unsere entstehenden Leiber. Die Szenen, die sich da um mich herum abspielten, sind in mein Gedächtnis eingraviert für alle Zeit. In wenigen Augenblicken entfaltete sich zwischen uns Geschwistern das ganze Spektrum großer Gefühle: Kampfesmut, Hoffnung und jähe Enttäuschung, vergebliches Heldentum, bitterer Abschied, auch großherziger Verzicht, alles lag so dicht beieinander an jenem Schicksalsmorgen im Käsekessel.

Ich sah noch, dass die Kelle in meine Richtung schwang, instinktiv griff ich nach beiden Seiten, Halt und Hilfe suchend, aber es war zu spät. Alleine und triefnass landete ich in einem kleinen, durchlöcherten Förmchen: Ein blindes, schlotterndes Häufchen von 250 Gramm Quark, dem die Molke aus allen Poren sickerte.

Was Bestand hat

Es folgte eine Phase der Ruhe, Zeit, in der ich mich festigen und ganz auf mich selbst konzentrieren konnte. Im Nachhinein bin ich meiner Käserin dankbar für die Geduld, die sie auf dem Abtropftisch mit mir hatte. Für einen jungen Käse ist es so wichtig, sich auf das zu besinnen, was Bestand hat. So trennte ich mich schon in diesen ersten Stunden von rund hundert Gramm Wasser. Das war gut so, ich gewann an Festigkeit und an Charakter.

Ein Wendepunkt

Der dritte Tag war der Tag des Salzens, keine angenehme Erfahrung. Die scharfkantigen Körner brannten auf meiner Haut wie Feuer. Ich musste prusten und schwitzen, damit sich das Salz schnell und gleichmäßig in meinem Körper verteilte, es hätte mich sonst hart und oberflächlich werden lassen. Zugleich war das Salzen ein Wendepunkt. Es gab meinem Dasein eine Richtung. Niemand würde mich danach noch als Dessert verspeisen können. Das Leben lag jetzt vor mir!

Langer Prozess

Machen wir uns nichts vor: Das Leben eines Ziegenkäses spielt sich zum größten Teil im Reiferaum ab und auf den ersten Blick passiert da nicht viel. In langen Reihen saßen meine Milchgeschwister links von mir und rechts von mir auf einem Edelstahlgitter. Eine Etage unter uns lärmte eine Bande von eingebildeten Halbstarken, die zu glauben schienen, sie hätten das Fondue-Kächeli erfunden, nur weil sie einen Tag früher aus dem Bottich gekommen waren als wir. Und über uns quakte ein lächerlicher Kindergarten, der noch so gar nichts von der Welt wusste. Das waren die, die man am Tag nach uns auf die Kelle genommen hatte.

05:15

Wie ist der Markt geplant?

05:20

Formen der Dinkelseelen.

So saßen wir im lauwarmen Halbdunkel des Reifekellers. Wer uns sah, hätte denken können, Ziegenkäse zu sein, sei ein stabiler Zustand. Aber, heilige Einfalt, nichts läge weiter von der Wahrheit entfernt. In Wirklichkeit gärte und rumorte es in jedem von uns: Ziegenkäse zu sein, das ist ein lebenslanger Prozess.

Das Auge

Am sechsten Tag wurde es plötzlich hell. Einige meiner Nachbarn wurden unruhig und versuchten, sich zur Seite davonzustehlen, als sich eine Hand in einem Gummihandschuh näherte. Mir war sofort klar, dass nichts Einschneidendes passieren würde, denn tief in mir wusste ich, dass der sechste Tag kein besonderer sein konnte. Und im Ergebnis hatte ich recht, die Hand hob jeden einzelnen hoch, wir wurden dicht vor ein streng blickendes Auge gehalten, dann umgedreht und jeder wieder auf seinen Platz zurück gesetzt.

Kleine Wolke

Es folgten der siebte bis zehnte Tag. Eine Zeit der Ruhe und des Reifens. Das hört sich vielleicht sehr beschaulich an, aber es hat natürlich, wie alles im Leben, auch seine Kehrseite. Und damit meine ich vor allem ein Phänomen, das wir unter uns gerne »die kleine Wolke« nennen, das jedoch von den Menschen, die ihre Geruchswahrnehmung oft nicht so gut von ihrer Emotionalität trennen können, meistens als furchtbarer Gestank empfunden wird. Man muss sich das nur vorstellen: Hunderte halbreifer Ziegenkäse in einem Raum versammelt und die einzige hygienische Maßnahme besteht darin, dass jeder alle zwei Tage einmal umgedreht wird. Es gibt da nichts zu beschönigen, Reiferäume werden praktisch nie gelüftet. Mir war bald alles völlig gleichgültig. Wenn ich offen reden darf: Ich roch vielleicht nicht besser als die anderen, aber beileibe auch nicht schlechter.

Der elfte Tag

Am Morgen des elften Tages spürte ich sofort, dass etwas geschehen war. Auf meiner Haut war eine sichtbare Veränderung eingetreten. Nichts würde mehr so sein, wie es früher war. Ich schaute mich um und siehe da: Auch meine Nachbarn waren nicht mehr dieselben. Dicke Pusteln hatten sich auf unserer Oberfläche gebildet und daraus schoben sich erste weiße Flaumhärchen. Der Schimmeldurchbruch hatte begonnen. Fast konnte man ringsum das Sprießen und Schieben des Camembert-Pelzes hören, so gespannt war die Stille im Reiferaum am elften Tag. Ich wurde ganz träge und fühlte mich erfüllt von Reife, Schwere und seliger Erwartung. Ich wusste, dass unsere Vollendung bevorstand.

Der Tag verging und es geschah – nichts! Ich konnte es lange nicht glauben, noch die späten Abendstunden sahen mich reisefertig und gespannt harrend. Die Nacht kam, mein ungläubiges Staunen wurde zu Angst, dann zu Wut, schließlich versank ich in stummes Brüten.

Der zwölfte Tag dämmerte herauf, sah unseren Pelzbelag wuchern und dicker werden, wir wurden wieder einmal umgedreht und auch dieser Tag ging zu Ende. Und nichts geschah.

05:30

Die Schneckennudeln sind fertig.

Bittere Wahrheit

Auf unserer Etage breitete sich jetzt Unruhe aus. Jeder von uns wusste, dass seine wirklich gute Zeit der elfte Tag gewesen wäre. Wir fühlten uns hilflos, allein gelassen, ja, ich will sagen: verloren. Schon begannen sich unsere Gespräche mehr und mehr um jene seligen Stunden zu drehen, in denen uns der erste Flaum gesprossen war. Schon gab es Vorschläge, wir sollten die Kühlmittel-Leitung blockieren oder Ziegen als Geiseln nehmen und damit die Käserin zwingen, die Uhr zurückzustellen oder sonst etwas zu unternehmen. Irgendetwas, nur nicht schon wieder umdrehen.

Ein alter Reibekäse, der sich auskannte auf dem Ziegenhof, machte uns schließlich mit der bitteren Wahrheit vertraut: Unsere ganze Serie ist das Opfer eines lächerlichen Zufalls. Betriebswirtschaftlich gesehen sind wir eine aufgeschobene Generation. Unser elfter und zwölfter Tag fielen auf Montag und Dienstag. Und Montag und Dienstag sind die verkaufsfreien Tage auf dem Ziegenhof. So müssen wir wohl noch vier Tage Geduld haben und werden uns erst dann, in der nächsten Reifestufe, nämlich als vollreifer Camembert, ins Geschäftsleben stürzen können.

Möglichkeiten

Wahre Lebenskunst, jeder Käse weiß das, besteht nicht darin, den Verhältnissen seinen Willen aufzuzwingen, gar die Zeit anhalten zu wollen. Wirkliche Größe besitzt, wer seine Situation mit kühlem Verstand durchschaut, den wandernden Uhrzeiger zu seinem Freund macht und aus jedem Reifezustand das Beste herausholt.

Natürlich weiß ich, dass zwölf Tage für einen gut entwickelten Ziegenkäse noch kein Alter sind. Selbstverständlich ist mir klar, dass ein dichter weißer Pelz uns erst das Tor öffnet in die Welt der polierten silbernen Platten, in die Feinschmecker-Tempel an die Seite draller Weintrauben und röscher Nüsse.

Man hat uns versichert, wir hätten noch alle Möglichkeiten vor uns: als cremig fließender Weichkäse, zum Beispiel, dann aber ohne Haut, mit einem warmen Stück Baguette verzehrt zu werden. Oder als konzentrierter älterer Herr über einen Teller dampfender Nudeln gerieben, in den Olymp der Unvergessenen einzugehen. Selbst im Status der Weisheit noch, als silberlockiger Schwerenöter, vielleicht unter dem Künstlernamen »Crottin de Chavignol« in Brocken zu einer Spätlese geschlotzt zu werden, mag seinen Reiz haben.

Erfüllung

Ehrenwerte Auftritte, einer wie der andere, würdig und angemessen als Schlussakkord eines prallen Käselebens. Ich könnte frohgemut in die nähere Zukunft schauen. Und wenn die eigenen Kräfte einmal nicht mehr tragen sollten, dann gäbe es immer noch die Möglichkeit, zum Panieren eingeladen zu werden, zum Gratinieren, zum Flambieren, am Ende gar zum Destillieren…

Alles gut, alles richtig, aber all das hilft mir nicht: Seit wir an jenem ersten Tag im Molkebottich allmählich zu eigenem Bewusstsein kamen, trägt jeder von uns eine Idee, eine große Sehnsucht in sich. Ich frage mich wieder und wieder, ob es zu viel war, was gerade ich mir vom Leben erträumt habe. Am elften Tag mit etwas grobem Pfeffer und einem Stück frischen Bauernbrotes gegessen zu werden: Sagt, was Ihr wollt, aber für mich wäre genau das die Erfüllung gewesen!

05:50

Feierabend.

MOLKENTOAST

Fast von selbst ergab sich unser Rezept für Toastbrot, was lange Zeit in unserem Sortiment gefehlt hatte. Denn ein gutes Toastbrot mit klassischer Optik und dem erwünschten Toastverhalten erschien ohne Backhilfsmittel[y] fast nicht machbar, bis mir die Ziegenmolke einfiel.

In der Loretto-Käserei fallen jeden Tag viele Liter Ziegenmolke als »Abfallprodukt« an, für die eine sinnvolle Nutzung fehlt. Eigentlich schade – hatte ich immer gefunden –, denn diese Molke enthält einige wertvolle Aktivposten, die sie als Backzutat interessant machen: Milchsäure, wasserlösliches Milcheiweiß und auch etwas Milchzucker. Der ist besonders nützlich, weil er von der Hefe nicht vergoren werden kann und deshalb beim Backen für eine gute Gebäckbräunung sorgt.

Ich schrieb also ein ganz simples Rezept auf der Basis von Weizenmehl T 550, Teigausbeute 162 (was auf Bäcker-Chinesisch bedeutet, dass man auf hundert Gramm Mehl 62 Gramm Flüssigkeit gibt), dazu dann leicht zu merkende Zahlen: 2 % Salz, 4 % Hefe, 6 % Butter. Als Schüttflüssigkeit verwendete ich pure Sauermolke und siehe da – schon beim ersten Versuch ergab das ein wunderbares Toastbrot.

Zubereitung: ca. 20 Minuten + 2 Stunden Teigruhe
Backzeit: ca. 27 Minuten
Backtemperatur: ca. 220 °C

y Backmittel, die nur backtechnologischen Gründen (z. B. Bräunung, Gare) einem Teig zugegeben werden, aber keinen Nährwert oder Geschmack besteuern.

Zutaten für 4 Toastbrote à 500 g

1,4 kg Weizenmehl, Type 550

0,85 l Sauermolke[z] · 85 g Butter · 55 g Bio-Frischhefe (oder 45 g konventionelle Frischhefe) · 28 g Salz

¶ Eine Vorteigführung ist hier wegen der vorhandenen Milchsäure nicht nötig. Ich verknete daher alle Zutaten zu einem weichen, aber nicht fließenden Teig, den ich für etwa eine Stunde abgedeckt bei Zimmertemperatur in einer Schüssel reifen lasse. Es tut dem Teig gut, wenn ich ihn zwischendurch einmal aufziehe und zusammenlege.[aa]

¶ Danach teile ich den Teig in vier gleichgroße Stücke à ca. 600 g. Diese verarbeite ich zu gleichmäßigen Rollen, lege sie in gefettete Backformen und lasse sie abgedeckt bis zur vollen Reife[ab] ruhen. Das dauert in etwa eine Stunde, kann jedoch je nach Raumtemperatur usw. variieren.

¶ Ich schieße die Brote bei etwa 220 °C ein und lasse sie ca. 27 Minuten backen, bis sie an den Außenflächen rundum goldbraun sind.

¶ Um die klassische Form eines Toastbrots zu bekommen, braucht man eine spezielle Backform mit Deckel und quadratischem Querschnitt. Das Brot schmeckt aber genauso gut, wenn es ohne Deckel in einer beliebigen Kastenform gebacken wird.

---

z Viele werden sich fragen, wie sie dieses Rezept nachbacken sollen, wenn sie zufällig keinen Ziegenhof nextdoor haben. Ihnen sei verraten, dass wir statt der Molke in Notzeiten das Rezept schon mit einer Mischung aus halb Sauermilch, halb Wasser gebacken haben. Und das Ergebnis war auch sehr gut. Ebenso lässt sich die Frischmolke durch in Wasser angerührtes Süßmolkenpulver (Reformhaus oder Bio-Laden) ersetzen, in dem Fall könnte man auch noch 200 g Naturjoghurt dazugeben, der auf die Flüssigkeitsmenge angerechnet wird.

aa *Dazu nimmt man den Teig aus der Schüssel, legt ihn auf eine leicht bemehlte Arbeitsfläche, zieht ihn mit beiden Händen in die Länge und legt ihn dann in drei Schichten zusammen – in etwa so, wie man ein gebügeltes Handtuch zusammenlegen würde. Dann dreht man ihn um 90 ° und wiederholt das Ganze. Danach kommt er zurück in die Schüssel.*

ab *Da hat sich das Teigvolumen deutlich vergrößert, die Teigoberfläche ist fest-elastisch und beim Drucktest mit dem Finger, bleibt eine damit verursachte Delle erhalten.*

Zu den Illustrationen

Die Zeichnungen in diesem Buch entstanden während zweier klarer Herbstnächte im Oktober 2019 in der Backstube auf Loretto. Es sind zeichnerische Momentaufnahmen, die skizzenhaft die Bewegungen und Situationen des Backens festhalten. In chronologischer Reihenfolge angeordnet dokumentieren sie, wenn auch in einer sehr persönlichen Weise, den Ablauf einer durchbackenen Nacht auf der Schwäbischen Alb.

Ich war vom Anzünden des Ofens bis zum Herausholen der fertigen Frühstücksbrötchen ungefähr acht Stunden mit Kugelschreiber und Zeichenblock mitten im produktiven Geschehen der warmen, neonbeleuchteten Backstube. Die wohlriechenden Brotdüfte, der riesige, Wärme abstrahlende Lehmbackofen, die routiniert und konzentriert ausgeführten Arbeitsschritte von Günne, all dies im Kontrast zu der kalten und menschenleeren Nacht, in die ich zwischendrin immer mal hinaustrat, haben mich wieder einmal tief beeindruckt und mich dazu gebracht, nochmals intensiv über meine Abneigung, früh aufzustehen, nachzudenken. In den letzten Jahren gab es wenige durchwachte Nächte, in denen ich mehr Spaß hatte.

Rainer Weber / Bremen, April 2020

Hinweise zu den Rezepten

Die Ofentemperaturen sind in Grad Celsius (°C) angegeben und es ist dabei immer Ober- und Unterhitze gemeint. Umluft ist nicht geeignet, sie trocknet das Gebäck zu stark aus. Jeder Ofen bäckt anders! Wer sich tiefer mit der Materie des Brotbackens beschäftigen möchte, sollte seinen Ofen einmal mit dem Thermometer in den verschiedenen Temperatureinstellungen genau ausmessen. Bei uns auf dem Lorettohof arbeiten wir mit einem Steinbackofen, der mit Holz befeuert wird. Für dieses Buch haben wir die Rezepte für einen Haushaltsbackofen »übersetzt«.

Zum Kneten: Alle Teige können grundsätzlich von Hand oder mit einer geeigneten Küchenmaschine oder einem Hubkneter geknetet werden. Eine echte Herausforderung, sowohl für eine Maschine (Überlastungsgefahr bis hin zum Motorschaden), als auch beim Kneten von Hand ist allerdings der Brezelteig, der sehr fest sein muss.

Auf dem Lorettohof verwenden wir nur Bio-Mehle und unraffiniertes Steinsalz. Für das Gelingen der Rezepte ist jedes Salz geeignet. Aber je naturbelassener auch diese Zutat beim Backen ist, desto besser.

Abdecken: In einigen Rezepten wird der Teig nicht nur mit einem Tuch, sondern zusätzlich mit einer Folie abgedeckt, damit sich darunter keine trockene Teighaut bildet. Wir verwenden auf dem Lorettohof seit vielen Jahren immer noch die gleichen Planen aus stabilem, lebensmittelechtem Kunststoff. Für den Haushalt gehen aber auch Wachspapiere oder -tücher oder auch ein Stück Dauerbackfolie.

Maße & Abkürzungen

ml = Milliliter, $^{1}/_{1000}$ Liter	**l** = Liter	**g** = Gramm
kg = Kilogramm	**EL** = Esslöffel	**TL** = Teelöffel
Msp = Messerspitze	**°C** = Grad Celsius	**ca.** = circa
mm = Millimeter	**cm** = Zentimeter	**Ø** = Durchmesser

Rezeptverzeichnis

Ich bedanke mich …

… bei *Simone* und *Julia Graff* vom *Hädecke Verlag*, die die verwegene Idee hatten, aus einem großen Berg Konzeptpapier mit Erinnerungen, Gedanken und Rezepten könnte ein kleines Buch werden.
… bei denselben auch für die sorgfältige Korrektur und Betreuung des Projekts.

… bei meinen Brüdern *Rainer* und *Helmut* für ihre spontane Bereitschaft, daran mitzuwirken.

… bei *Maria Bosse-Sporleder,* mit deren Anregungen in vielen Winter-Schreibwerkstätten ein Großteil der hier veröffentlichten Texte entstanden ist.

… dem *VHS-Heim Inzigkofen*, das für diese Schreibwerkstätten und für vieles andere einen einmaligen Rahmen darstellt.

… bei *Iris J.* und *Christa W.* , den beiden genauesten Erst- und Letzt-Leserinnen, die man sich wünschen kann, für Diskussion und Ermutigung.

… bei unseren wunderbaren Töchtern *Helene* und *Antonia*, die mir erlaubten, die beiden Geschichten, die ihnen eigentlich ganz alleine gehören, hier mit abzudrucken.

… für die Geduld meiner Frau *Daniela*, deren Schicksal es ist, mit einem schreibenden Bäcker verheiratet zu sein, und die zum Dank dafür nur in einem kleinen Gedicht gewürdigt wird, das sie gar nicht luschtig findet.

Impressum

ISBN 978-3-7750-0803-7

www.hädecke.de

4 3 2 | 2023 2022 2021 2020

Redaktion & Lektorat: **Jo und Simone Graff**
Illustrationen: **Rainer Weber,** Bremen www.rainerweber.net
Fotonachweis: Seite 113 © Reinhold Schumann
Gestaltung und Satz: **Julia Graff, Hädecke Verlag**

Gesetzt aus der Kepler (Adobe) und der Brandon Grotesque von *Hannes von Döhren* (HVD Fonts)

Printed 2020 in Germany

Druck auf chlorfrei gebleichten Materialien, die aus vorbildlich bewirtschafteten, FSC®-zertifizierten Wäldern und anderen kontrollierten Quellen stammen.

Ein verlagsneues Buch bekommt man in Deutschland und Österreich überall zum selben Preis. Die kulturelle Vielfalt wird durch die gesetzliche Preisbindung geschützt. Auf dem Land und in der Stadt, im Internet und in jeder Buchhandlung gilt der gebundene Ladenpreis.

Weitere Bücher des Autors

Gut Brot will Weile haben · *Der Bäcker vom Lorettohof und seine besten Rezepte*
von Günther Weber und Dieter Ott, Fotos: Kurt-Michael Westermann
168 Seiten mit 79 Farbfotos, 18,5 × 24 cm, veredeltes Hardcover
ISBN 978-3-7750-0653-8

Brot ist ein ganz besonderes Produkt. Es braucht Zeit und keine Zusatzstoffe. Das ist für Günther Weber, den Bäcker vom Lorettohof, sonnenklar. Frisch aus dem Ofen, schmecke fast jedes Brot, stellt er fest. Doch die besondere Qualität des Holzofenbrots bestehe darin, dass es sich nach dem Backen noch einige Tage weiterentwickle.

Günther Weber verwendet ausschließlich ökologische Zutaten. Es ist ihm wichtig, die Teige in Ruhe reifen zu lassen, damit sie ihre Aromen richtig entfalten können. In diesem Buch erklärt er genau, wie die Brote, Kuchen und das Kleingebäck gebacken werden müssen, um ihren unwiderstehlichen Geschmack entwickeln zu können. »Die Kunst besteht darin, das richtige Maß und die harmonische Abstimmung zu finden [...] Ich arbeite seit über dreißig Jahren immer noch mit der gleichen Sauerteigkultur. Wir hatten's nicht immer leicht. Heute haben wir uns zusammengerauft und wissen einander zu schätzen«, sagt der Bäcker aus Leidenschaft.

Das Buch ist eine Liebeserklärung ans Bäckerhandwerk in Wort und Bild: ein wunderschönes Bilder-Lese-Buch, eine interessante Biographie und ein verführerisches Backbuch, das mit der Silbermedaille der Gastronomischen Akademie Deutschlands ausgezeichnet wurde. Mit Rezepten für traditionelle Sauerteig- und Landbrote, Kuchen, Klein- und Jahreszeitengebäck mit viel Geschmack.

In derselben Reihe erschienen

Gastrosophie · *Ein Brevier für Gaumen und Geist*
von Hans Balzli · wiederaufgelegte Originalausgabe von 1931
112 Seiten mit zweifarbigen Illustrationen, 12,5 × 19 cm, veredeltes Hardcover
ISBN 978-3-7750-0800-6

Leseprobe

»Die Geschichte der zivilisierten und kultivierten Menschheit ist eine Geschichte der Gastmähler. Der Ärmste wie der Reichste will mit Genuß essen und trinken. Das Essen und Trinken ist ein Fest, und kein Fest vergeht ohne Essen und Trinken. Und dieser Tafelgenuß wird in Gemeinschaft, nicht in Einsamkeit geübt. Das Wort Mahl meint ursprünglich einen Vertrag oder eine Versammlung. Beim Volksgericht wurde stets gegessen und getrunken, ebenso bei der Abschließung von Verträgen. So ist es gekommen, daß jetzt die Gasterei selbst Mahl oder Mahlzeit heißt.«

»Die Aufgabe der Küche besteht darin, ihn [den Appetit] nicht ersterben zu lassen, sondern ihn ständig neu anzuregen. Anders ausgedrückt, heißt das, daß es weniger auf die Nahrungsmittel selbst als auf ihre Zubereitung ankommt. Man darf nämlich den wichtigen Umstand nicht übersehen, daß man selbst bei stärkstem Hunger nicht essen kann, falls der Appetit nicht angefacht oder gar beleidigt wird, d.h. wenn die Speisen nicht hübsch aussehen, nach gar nichts schmecken oder etwa schlecht riechen. Um die wichtige Appetitfrage kommt man nicht herum.«

Liebe Leserin, lieber Leser,

Schön, dass Sie dieses Buch aus unserem Verlag in Ihrer Buchhandlung entdeckt, von jemandem geschenkt bekommen oder an anderer Stelle erworben haben.
Hat es Ihnen gut gefallen? Dann posten Sie doch ein Bild davon oder vielleicht von Ihrem neuen Lieblingsrezept aus dem Buch mit dem Hashtag #**genussbuch** und verlinken Sie uns!

Sie finden uns beispielsweise bei
facebook.com/haedecke.verlag
instagram.com/haedecke
youtube.com/haedeckeverlag
pinterest.com/haedecke

Natürlich können Sie auch auf anderem Weg mit uns Kontakt aufnehmen, um uns mitzuteilen, wie Ihnen das Buch gefällt, welche Bücher Sie außerdem interessieren und was Sie sich vielleicht von uns wünschen würden. Wir freuen uns auch über Post oder eine Mail. Hat Ihnen etwas besonders gut gefallen? Haben wir evtl. eine wichtige Information übersehen, die Sie sich im Zusammenhang mit diesem Buch gewünscht hätten? Können wir Ihnen bei Rückfragen zu Rezepten behilflich sein? Oder ist Ihnen möglicherweise sonst etwas aufgefallen? Wir sind neugierig auf Ihre Meinung! Mit Ihrer Rückmeldung helfen Sie uns, noch besser zu werden:

leserservice@haedecke-verlag.de

Falls Sie gerne regelmäßig und als Allererste über Neuerscheinungen oder Neuigkeiten aus unserem Haus informiert werden möchten, können Sie sich hier bei unserem Genussletter anmelden:
hvlink.de/genussletter

Viel Vergnügen mit diesem Genussbuch wünschen
Simone & Julia Graff